Bewuste Vrouwen Verbinden Zich Met Elkaar

Handleiding voor de Bewuste Gemeenschap

Renata Ramos

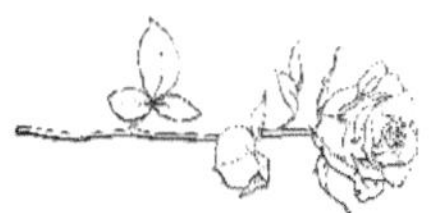

Inhoud

"Ik draag dit boek op aan iedereen die verlangt naar een betere en vrije wereld, in het bijzonder aan alle vrouwen".

Inleiding

Hoe leven in een wereld zoals de onze, zonder het gewicht van menselijke onbewustheid te voelen?

Een wereld waarin het gezin terrein verliest door mentale ziektes, meningsverschillen tussen mannen en vrouwen, egoïsme en al het negatieve dat daaruit voortvloeit, wat ongeluk brengt voor iedereen.

We worden voortdurend geconfronteerd met onbewustheid, of het nu van onszelf is of van onze buren.

Of het nu gaat om objecten, dieren, planten of zelfs stenen, overal waar we naar kijken, is er altijd een bewustzijn aan het werk.

Alles wat pulseert en alles wat bestaat, heeft een bewustzijn.

Wat geen bewustzijn heeft, of een minder geavanceerd bewustzijn zoals wij hebben, is er om te worden gebruikt door wie bewustzijn bezit. Zoals bijvoorbeeld bij planten: als je ze hebt en niet voor ze zorgt, sterven ze.

De plant heeft een beperkt bewustzijn en heeft het bewustzijn van de hemel, de natuur of de mens nodig om in leven te blijven.

We moeten wakker worden in dit leven. De problemen die we hebben, die zijn ontstaan, die we hebben gecreëerd of die we meemaken, vereisen helderheid. Deze helderheid wacht om gebruikt te worden voor de evolutie van de aarde.

Dit boek is bedoeld om bewustzijn te wekken, speciaal voor vrouwen. Degenen die het lezen, zullen rationeel nadenken over hoe ze met eenvoudige handelingen een rustiger en minder problematisch leven kunnen leiden.

Morele en ethische waarden raken verloren, en een simpele en effectieve opvoeding, gebaseerd op het onderwijzen van onszelf met waarden en principes, verdwijnt uit ons dagelijks leven. Dit boek wil deze waarden herstellen, zodat de mens zichzelf kan bevragen en de voorgestelde tests verderop in het boek kan uitvoeren.

Zoals Hélio Couto, de beroemde mentor en bedenker van de "Harmonische Resonantie," in zijn lezingen in Brazilië zegt:

"Als je wilt weten of iets wat je is verteld werkt, test het dan eerst, daarna kun je geloven."

Door modellen en situaties te testen, kun je de verschillen voelen van wat wordt gepresenteerd.

In dit boek presenteer ik een verzameling ideeën en tips die voor sommigen misschien onschuldig lijken.

Ze zijn zo gewoon dat er op een gegeven moment een gevoel van "dat weet ik al" zal ontstaan.

Maar achter dit gevoel van het vanzelfsprekende, eenvoudige en zuivere ligt naar mijn mening de oplossing voor de wereld waarin we leven. Een zieke wereld. Zonder bewustzijn zijn we verloren, ingewikkeld. We krijgen meer problemen, maken veel meer fouten, verspillen tijd met het opstapelen van mislukkingen, problemen, ziektes... Alles wordt zwaar, terwijl het leven niet zwaar hoeft te zijn; het kan lichter en bewuster zijn. De mensheid moet opnieuw leren in groepen te leven.

Dat vermogen gaat verloren in een sneltreinvaart, en mijn doel is dat de lezer begrijpt dat in groepen leven empathische daden vereist ten opzichte van anderen en wat hen omringt.

Juist op dit punt, het "denken aan anderen," escaleren de problemen.

Zoals de filosofe Lucia Helena Galvão zegt:

"Broederschap is een kenmerk van de mens.

En in het broederlijke handelen, door naar de ander te kijken (als een broer), heeft men een houding van iemand die simpelweg het bewustzijn van de wereld om zich heen heeft. Als je niet naar de ander kijkt, voel je de realiteit om je heen niet."

Lees dat opnieuw en denk erover na.

Degene die dit bewustzijn niet heeft, is gedoemd tot onwetendheid, want wat eenvoudigweg de ogen openen en kijken vereist, is voor hen niet mogelijk. Ze leven niet ten volle; hun leven wordt gevoeld door een glazen barrière die hen scheidt van anderen. Hun ogen zijn niet die van levenden, maar zoals een glas dat je niet kunt aanraken en voelen. Ben ik iemand die blind is?

Erger nog, ben ik iemand die geestelijk blind is? Want als ik niet het voor de hand liggende kan zien, dat er anderen zijn, ben ik zo diep blind dat, zelfs al heb ik ogen, ik toch niet kan zien. Ik kan de ander niet zien, laat staan voelen, en wat zich in deze wereld aan mij presenteert. Deze geestelijke blindheid vereist bewustzijn!

En dit bewustzijn komt alleen tot uiting wanneer we een set van waarden en principes volgen over hoe te leven in een groep. Wat door de natuur en de mensheid is gezocht en gevonden als oplossing, is helaas verlaten omdat er meer nadruk ligt op eigen welzijn, wat alle mogelijke problemen genereert. We hebben allemaal schaduwen, gevoelens en situaties die we negeren, trauma's die we onder het tapijt schuiven (in ons onbewuste), en wanneer er wat licht (bewustzijn) binnenkomt, krijgt ons leven een nieuwe betekenis.

Dit boek, ondanks de invloed van psychologie in mijn leven, is niet bedoeld om patiënten te behandelen, want ik ben geen psycholoog. Dit boek biedt inzicht in zaken en situaties die zo simpel zijn als een blad dat midden op een

pad valt. Op een gegeven moment tijdens het lezen kan men een gevoel ervaren van "waarom heb ik hier niet eerder aan gedacht?" Omdat het de lezer doet inzien dat zulke vanzelfsprekende acties een beter leven kunnen brengen.

Deze confrontatie is nodig om te kunnen zien en voelen dat de meeste zaken die deze wereld maken tot wat hij is, voortkomen uit onwetendheid, luiheid om na te denken, en kleine gebaren die niet alleen iemands eigen leven, maar ook dat van zijn omgeving, kunnen verbeteren. Ik geloof dat we een periode van bewustzijnsverval doormaken. Het internet heeft ons snelle communicatie gebracht, maar ook het oppervlakkige, de gratuite schermtijd van smartphones, die ons naar leegte leidt.

We verliezen tijd met het bekijken van trivialiteiten en futiliteiten, en ook het contact met de waarden die ons vervullen en ons laten nadenken en handelen voor het collectief.

Zoals eerder gezegd, zonder aan de groep te denken, zal men eindigen met een leven vol problemen, zoals wij nu ervaren.

Wat willen we?

Minder problemen, natuurlijk!

Hier zal de lezer verbonden raken met houdingen en gevoelens die hem of haar in staat zullen stellen om verbinding te maken met de groep, opnieuw te denken, en eerst in de geest en dan in het dagelijks leven een nieuwe houding te testen die meer welzijn brengt.

In feite is dit boek een handleiding om bewust te worden, met voorbeelden van situaties uit verschillende fasen die het leven verbeteren van degenen die willen en accepteren in een groep te leven en te werken.

De basis en betekenis van dit boek is om je te laten nadenken over anderen als een verlengstuk van je leven. Zonder zorg voor de ander zul je niet beschermd zijn en niet voor jezelf zorgen, en zul je consequenties ervaren. Het ergste van alles is dat je je tijd op aarde verspilt, het leven en de planeet verstoort.

Laten we niet vergeten dat we niet alle tijd van de wereld hebben; we hebben een datum om te vertrekken, en deze tijd moet zo worden gebruikt dat het onze ziel vervult.

Laten we dit leven verlaten beter dan toen we arriveerden.

De hoofdstukken zullen levenslessen zijn, praktische levenslessen, van wijsheid die verloren is gegaan en naar mijn mening moeten worden hersteld om een bevredigender leven te hebben op stevigere basis.

Sommige lessen brengen oude tijden terug.

Wat als oplossing werd gevonden, heeft lang gewerkt en werkt nog steeds, het is aan ons om het correct te gebruiken. Voor vrouwen in het bijzonder is dit een oproep! Een oproep tot eenheid om de noodzakelijke front te vormen om dit pad van ziekte, onenigheid, geweld en ellende te doorbreken.

Door het hele boek zullen vooral vrouwen het gewicht van onze fouten uit het verleden en heden voelen, en aan het einde zullen ze begrijpen dat niemand behalve zij kunnen veranderen wat in het boek is gepresenteerd: onze zieke wereld!

Eerst zullen we een weg inslaan om alle problemen op te sommen, en daarna nadenken over hoe we ze kunnen oplossen.

Zij zullen ook het meest geraakt worden om elkaar een hand te reiken en te laten zien welke kracht zij hebben en hoe deze te gebruiken.

Het is al lang tijd om hun magie te erkennen. De kracht die jaren is ingehouden, moet nu bloeien en worden benut!

Proloog

Toen ik begon met de studie van het Psychoanalyse, begon ik te begrijpen hoezeer wij allemaal neurotisch zijn, zoals Freud zei. Al snel ontstonden er talloze vragen, en terwijl ik leerde, zag ik de wereld niet meer als slechts ziek, zoals ik die al zag, maar extreem ziek, alsof ze op een IC-afdeling lag, zeg maar.

Tegelijkertijd begon ik te beseffen dat er iets niet klopte in mijn eigen leven en kon ik de bron van zoveel fouten en zoveel verloren tijd vaststellen.

Naarmate ik leerde, kreeg het boek langzaam vorm in mijn gedachten. Het doel van dit boek is niet alleen om wakker te worden en zekerheid te hebben over wat er om me heen gebeurt, maar ook om bij te dragen aan het ontwakingsproces van degenen die ook nog slapen.

De basale concepten van de psychoanalyse moeten door meer mensen worden begrepen, zodat zij, net als ik, meer kunnen zien, kunnen stoppen en nadenken voordat ze dezelfde fouten steeds opnieuw maken. Ik dacht na over hoe ik alles op een duidelijke en eenvoudige manier kon overbrengen, zodat mensen de basisconcepten begrijpen die ons kunnen redden van een gecompliceerde toekomst.

Het begint bij de familie!

Daar liggen de antwoorden voor een betere wereld. Zonder het gezin te herstellen, is succes niet mogelijk.

Het gezin is de boom en de principes zijn het zaad. In die context begon ik de concepten van de psychoanalyse te verweven met de morele en goede principes die ik in mijn leven en ervaring heb geleerd.

In de eerste versies heette het boek "Bewustzijn."

Maar naarmate de hoofdstukken zich ontvouwden, voelde ik iets in mezelf dat de aandacht trok: de vrouwen, omdat de oplossing in hen ligt, en zo, terwijl het verhaal zich ontwikkelde, kwam het einde tot stand en, ja, de vrouwen zouden de heldinnen zijn.

Het boek moest daarom meer aan hen worden gewijd. In het eerste deel van het boek behandelen we kwesties over ouders en kinderen en de essentiële concepten van de psychoanalyse om een breed begrip te krijgen van de ernst die het "hebben en opvoeden van kinderen" met zich meebrengt.

Daarna bespreken we de problemen en configuraties die tot de huidige situatie hebben geleid, en sluiten we af met de oplossing die de titel van het boek verklaart.

Bewuste Vrouwen Verbinden Zicht Met Elkaar is een boek dat bewustzijn herstelt door te herzien wat is gecreëerd en de koers te wijzigen, aangezien de plek waar we nu zijn, niet zo goed is.

De titel zal pas voelbaar zijn in de laatste hoofdstukken.

Wanneer, na een overzicht van de problemen, er in de geest van de lezer een bewustzijn wordt gevormd, en wanneer deze voelt dat er nog een laatste deel ontbreekt om het geheel volledig te begrijpen.

Sommige concepten, thema's en krachtige zinnen zijn opzettelijk herhaald, zodat de lezer zich bewust wordt van en onthoudt dat het juist die herhalingen zijn die we nodig hadden om het nodige intern te leren en vast te zetten. Zo heb ik ook het geleerd tijdens mijn studie. Zoals bij al mijn boeken draagt ook dit boek mijn uitdagende identiteit,

door te prikken, zeg maar, door de lezer te raken op plekken waar hij liever niet komt, hem door ongewone terreinen te laten dwalen om zo vragen op te roepen, wat voor mij al voldoende resultaat is van het schrijven. Mijn intentie is om vragen op te roepen zodat het onderscheidingsvermogen zich in de mentale richting beweegt en empathie bevordert, en zo bewustere houdingen creëert in elk mens.

Iedereen wil een betere wereld, en dit is ook een manier om bij te dragen. Het is mijn neurose!

Speciaal Hoofdstuk
Brief aan de Vrouwen

Wanneer een wezen de toestemming krijgt om te leven, doorloopt het eerst een incubatieperiode waarin zijn kenmerken worden gevormd.

De vrouw draagt van nature het heilige centrum van creatie in haar lichaam, een ware tempel en kanaal van leven, waar alle essentiële elementen voor conceptie samenkomen.

Deze ruimte in de vrouw heeft de kracht om te creëren, te laten groeien, te vermenigvuldigen, te voeden en te transformeren. Daarom is het heilig! Het Heilige Vrouwelijke is de kracht die in elke vrouw schuilt, een gave die het fysieke overstijgt en het goddelijke verbindt met de schepping.

We moeten eeuwig dankbaar zijn voor het bestaan van de vrouw. Het is door een vrouw dat we hier zijn gekomen.

Het was de baarmoeder van onze moeders die ons toegang gaf tot het leven.

Vrouwen zijn he goddelijke kanaal dat ons met de schepping verbindt, en daarom moeten we hen eren in elk aspect van ons leven.

De vrouw draagt het *"Heilige Vrouwelijke"* met de kracht van alchemie, waardoor ze steen in goud, pijn in genezing, en uitdagingen in overwinningen kan omzetten, deze kracht is goddelijk.

Deze kracht mag nooit worden vergeten, en daarom is het essentieel dat vrouwen elkaar aan hun eigen kracht herinneren. We kunnen dit doen door elkaars prestaties te ondersteunen of door bijvoorbeeld te onderzoeken welke vrouwen in de geschiedenis grote daden hebben verricht, ons aan hen te spiegelen en zo het bewustzijn van onze eigen kracht te versterken.

Door de geschiedenis heen zijn vrouwen symbolen geweest van deze heilige kracht.

Enkele voorbeelden:

Maria, de moeder van Jezus;

Die de wereld het grootste geschenk schonk: het leven van haar zoon, wiens bestaan de mensheid transformeerde.

Jeanne D'Arc;

De beschermheilige van Frankrijk, die vocht voor de Franse plattelandsgronden in de Honderdjarige Oorlog en op 19-jarige leeftijd werd verbrand omdat ze werd beschouwd als een heks.

Simone de Beauvoir;

De Franse schrijfster en filosofe, die met haar briljante geest en moed de sociale normen uitdaagde en deuren opende voor het vrouwelijke bewustzijn.

Moeder Teresa;

Die haar leven wijdde aan het verzorgen van de armste en meest kwetsbaren, en zo toonde dat de kracht van de vrouw in onvoorwaardelijke liefde en dienstbaarheid ligt.

Frida Kahlo;

Mexicaanse schilderes; "abortussen, geboorten en feminicide" waren enkele van de thema's in haar werk. Een van haar beroemde uitspraken na de amputatie van haar voeten: "Voeten, waarvoor heb ik ze nodig, als ik vleugels heb om te vliegen?"

Zus Dulce;

Bekend om haar hulp aan de behoeftigen en genomineerd voor de Nobelprijs voor de Vrede in 1988.

Bertha Lutz;
Dankzij haar strijd voor vrouwenrechten kregen Braziliaanse vrouwen in 1932 het stemrecht.

Maria da Penha Maia Fernandes;
Braziliaanse; nationaal en internationaal erkend nadat ze een moordpoging van haar partner overleefde. Ze vocht voor de totstandkoming van een wet om huiselijk geweld in Brazilië te verminderen en slaagde daarin.

Diegene die dit boek leest;
Erkend door haar hand aan andere vrouwen te geven

En vele anderen
Deze grote vrouwen droegen de kracht van het leven, maakten geschiedenis.

In hen was het vertrouwen in wie ze waren en in hun kracht.

Ze bezaten de volharding en kracht die naar voren komen wanneer we onze vrouwelijke essentie aanroepen.

Het is deze essentie die we nodig hebben om onze wereld van vandaag te herstellen. Ze zit in ons, vrouwen, en hoeft alleen maar te worden herontdekt en ingezet voor de menselijke evolutie

Deze essentie, boven alles, kleurt, parfumeert en zoet het leven, ordent en transformeert alles om zich heen, waardoor het mooier, harmonieuzer en betoverender wordt. Wanneer een vrouw haar kracht erkent, transformeert ze niet alleen haar eigen leven, maar ook dat van iedereen om haar heen.

Laten we die vrouw zijn!

Hoofdstuk 1
Kinderen

Hoe bewust om te gaan met het hebben van kinderen? Hoe kunnen we kinderen leren over het krijgen van kinderen, zodat zij in de toekomst bewuste kinderen grootbrengen?

Waarom beginnen met dit onderwerp? Omdat ik geloof dat het toekomstige bewustzijn zal voortkomen uit onze kinderen. Zij kunnen een vrijere en rechtvaardigere wereld herbouwen.

Jij hebt een plek in de wereld, en jouw kind ook.

Ze verdienen; respect, waardigheid, een thuis, schone lucht.

Jouw taak als ouder is een zeer waardevolle functie. Wat je je kind meegeeft, zal de wereld beter of slechter maken. Het is belangrijk om je ervan bewust te zijn dat we in dit leven het beste moeten doorgeven en nalaten. Voordat je een kind krijgt, is het nodig om je bewust af te vragen of je deze functie kunt vervullen, want het hebben van een kind, onder normale omstandigheden (waarbij volwassen mensen een kind krijgen), bevestigt meestal dat je deze taak kunt vervullen.

Ook al geloof je daar misschien niet in of ervaar je talloze moeilijkheden, het is mogelijk om dit werk te doen, en als er geen bewustzijn is, zullen je kind of kinderen je op de een of andere manier helpen om dit werk te doen. In een

soort symbiose brengt het kind je situaties die je helpen om deze taak te ontwikkelen, en tegelijkertijd vervul je deze taak.

Hier vermijden we de uitzonderlijke situaties die we liever vermijden zoals; "kinderen die kinderen krijgen (slachtoffers van pedofilie), kinderen met afwezige ouders, moeders die tijdens de bevalling zijn overleden, geweld, krankzinnigheid, waanzin of enige andere vorm van tegenslag die niet tot het normale pad van het krijgen van een kind behoort."

Normaal pad=Een volwassen man en vrouw is voldoende om een kind te krijgen.

Dit boek is bedoeld voor mensen met enige mate van bewustzijn. Het hebben van een kind is een taak die met waardigheid en eer vervuld moet worden.

Dit vereist verantwoordelijkheid voor wat je zult geven en nalaten aan de wereld.

Wat zullen we de wereld nalaten? Hiermee begint het grotere bewustzijn dat je zou moeten hebben.

Elke dag in het leven van dat kind, wat ook onze dag is, begint met iets dat diep in de ziel is geworteld:

Wat geef ik aan de wereld?

Is deze vrucht van mijn lichaam een goede vrucht? Ben ik een goede boom?

Hoe kan ik een goede boom zijn? Wanneer je jezelf deze fundamentele vragen stelt, richt je je op de groep.

Natuurlijk, als je door de generaties heen bent gedwongen om alleen aan jezelf te denken en je dat project wilt voortzetten, dan is dit boek niet voor jou.

Hier spreek ik mensen aan die bewustzijn willen. Bewust zijn betekent de ander zien en in een groep werken. Degene die beseft dat er zonder aandacht voor de ander geen oplossing is voor een betere wereld, moet eraan herinnerd worden dat we altijd een betere wereld willen.

Het krijgen van een kind vereist dat je rekening houdt met de levenslange verantwoordelijkheden die je met deze persoon zult hebben. Zelfs als hij of zij 60 is en jij nog leeft, zal dat kind nog steeds je zorg en aandacht vragen. Hij of zij zal je blijven opzoeken.

Zelfs op die leeftijd, om naar je te luisteren, je nabijheid te voelen en je steun te ervaren.

Om die zorgen en verantwoordelijkheden te verminderen, zodat zowel jij als je kind meer vrijheid kunnen ervaren, moet je het kind begeleiden in het werken in een groep.

Vereisten om een kind te krijgen:

Mentale gezondheid, fysieke kracht; een gezond lichaam en de financiële middelen; om aan de eindeloze behoeften te voldoen die zich blijven voordoen, zelfs als het kind 50 of 60 jaar is. Op het moment dat jij niet langer wettelijk of maatschappelijk verantwoordelijk bent, maar je gevoel van verantwoordelijkheid blijft bestaan.

Het krijgen van een kind vereist een familieomgeving. Dit betekent niet dat het niet mogelijk is om bijvoorbeeld als alleenstaande ouder een kind op te voeden; het is mogelijk, en ik kan dat bewijzen, dat is het punt niet! Het punt is dat, om een kind op te laten groeien met minder psychologische stoornissen die de wereld kunnen verergeren, het belangrijke is dat het een aanwezige vader en moeder heeft, elk met een eigen rol om te vervullen.

Als je aan kinderen denkt, moet je ook nadenken over de partner die je hebt, de persoon die de vader of moeder van je kind zal zijn, en over diens eigenschappen. Wil je deze eigenschappen vermengen met die van jezelf?

Heb je er ooit bij stilgestaan dat deze eigenschappen ook in je kind zullen zitten?

Wil je die eigenschappen in je kind, en lijkt het je zinvol voor de wereld als iemand met deze eigenschappen rondloopt? Denk aan alles: haar, lichaam, nagels, gezicht, huidskleur… alles zal ook in het kind aanwezig zijn. Net als kwaliteiten en gebreken: wat voor karakter heeft deze persoon?

Is hij egoïstisch? Te goed van vertrouwen?

Wees voorzichtig, te goede mensen kunnen soms minder goede kanten verhullen.

Is hij of zij in balans?

Heeft hij of zij een ziekte?

Heeft de persoon ernstige narcistische trekken? (Pas op). Als student in de psychoanalyse leerde ik dat we onze ouders weerspiegelen; een kind is de projectie van deze mensen.

Onze identiteit wordt gevormd door de kenmerken van onze ouders die we in onszelf opnemen. Gewoonlijk beschouwen we situaties in de wereld als iets dat "bij toeval gebeurde."

Neem mijn eigen geval: ik dacht nooit aan kinderen. Op het hoogtepunt van mijn jeugd, op 28-jarige leeftijd, was ik betrokken met iemand, en door een ongeluk raakte ik zwanger. Mijn dochter heeft een grote betekenis in mijn leven, en dat is niet uit affectie of trots als moeder gezegd, hoewel ik dat ook ben. Het is de onverbloemde realiteit dat zij kwam met de bedoeling om mij te redden. Ik ben gered.

Misschien zou ik niet eens in leven zijn geweest als zij er niet was geweest.

Wat ik wil zeggen is dat een kind, zelfs als het uit een onvoorziene situatie voortkomt, iets zeer verrijkends in je leven kan brengen. Mijn voorstel, ondanks deze magisch-spirituele context, is om bewustzijn te creëren bij mensen die van een bewustere wereld houden en die bij het krijgen van kinderen hen deze basiszaken leren; Een kind krijgen is veel meer dan een kind in de wereld zetten;

Het vraagt; geduld, tijd, geld (veel); mentale gezondheid, toewijding; onderscheidingsvermogen, zorg, affectie; verantwoordelijkheid, fysieke kracht, helderheid; zelfliefde, liefde voor het leven en voor anderen, een gezond lichaam.. We kunnen de situaties die al hebben plaatsgevonden niet veranderen maar als bewuste wezens kunnen we vermijden wat nog moet komen en voorkomen dat onze kinderen, kinderen krijgen zonder eerst over deze punten na te denken. Hoe kan je, met gezond verstand, een kind

krijgen als je niet de tijd kunt besteden die nodig is om hem te leren wat hij nodig heeft om op eigen benen te staan? Een persoon bereikt pas enige volwassenheid rond de 25 jaar. Dankzij de ontwikkeling van de frontale lob, maar door ons hele leven dragen we het kind in ons mee dat hardnekkig weigert op te groeien. Als ouders niet het minimum en de basis bieden en onderwijzen, zal deze persoon een baby blijven. Hoe kun je, met gezond verstand, een kind krijgen zonder een luier te kunnen kopen?

Ga je leven ten koste van de hulp van anderen? Ga je afhankelijk zijn van anderen om te zorgen voor een kind dat je zelf hebt besloten te krijgen? (Vergeet niet dat we het hier niet hebben over uitzonderlijke situaties; we hebben het over mensen die vooraf zouden kunnen nadenken en dat niet doen.)

Is het niet egoïstisch om een kind te krijgen en voortdurend hulp van anderen te vragen, gewoon omdat je besloten hebt het kind te krijgen? Zonder dit bewustzijn, dat een kind iets heel serieus is, zullen we te maken krijgen met problematische situaties, meer nalatigheid. En zullen we ons bevinden in gecompliceerde en ongeorganiseerd omstandigheden, waardoor kinderen zonder enige criteria geboren worden. Degenen die aan enkele criteria kunnen voldoen, ik herhaal, degenen die niet in gevaarlijke situaties verkeren, geen psychische problemen hebben, geen slachtoffer zijn van verkrachting, enzovoort die in huis en in de samenleving kunnen leren hoe ze bewuste kinderen kunnen krijgen, kunnen de pijn in de wereld verlichten.

De illusie dat we geen controle hebben over de komst en het tijdstip van een kind is erg utopisch.

We kunnen bepaalde dingen wel degelijk controleren, zoals het tijdstip waarop. Het is perfect mogelijk om bewustere paden te kiezen, emoties beter in balans te brengen, en met reden en doel handel. Het is absoluut mogelijk dat ouders hun partners beter kiezen en het toeval vermijden; "Ik werd verrast" of "Oeps, het gebeurde gewoon."

Het is mogelijk om het leven te zien zonder illusies en fantasieën.

"Oh! Maar ik werd verliefd op die-en-die, het was zo fijn ik deed het zonder condoom."

Zo ging het precies bij mij! Emotie zal altijd sommige aspecten van ons leven beheersen. Het is alsof er een wezen, een energie, een psyché is die ons leven, ons wezen, beheerst. Het is duidelijk dat we nooit ongeschonden uit deze impulsiviteit komen, deze kracht die ons aanzet om zonder reden te handelen.

Het maakt deel uit, denk ik, van het "rekeningen betalen of innen "departement van het leven.

Dit boek is bedoeld voor mensen die bewuster willen handelen, bewuste kinderen willen krijgen en, wanneer ze dat doen, minimaal bewustzijn willen hebben om hen te bieden wat ze nodig hebben om een betere wereld te creëren, een wereld die beter is dan de wereld waarin wij kwamen. Wanneer er niet een minimaal bewustzijn is, vooral als het gaat om handelen met een kind, in het besef dat wat je biedt cruciaal zal zijn voor het verbeteren of verslechteren van de wereld, moet men zich afvragen: als ik een kind krijg en niet eens het minimale kan bieden, waarom zou ik hem of haar dan in de wereld brengen?

Waarom zou ik een kind krijgen als ik hem niet kan voeden om gezond op te groeien?

> Als ik hem geen kleding kan geven om zich beschermd te voelen?

> Als ik hem geen thuis kan geven, een veilige plek? Als ik niet minimaal zelfverzekerd ben, om als ouder goed te functioneren, zodat hij gezond kan opgroeien?

> Als ik hem geen liefde kan geven om zelfvertrouwen te ontwikkelen?

> Als ik hem geen grenzen kan leren zodat hij de ander kan zien?

> Als ik hem niet kan omarmen en hem het gevoel kan geven dat er een ander is (essentieel)?

> Als ik hem niet kan leren hoe wetten, de natuur en het leven werken, zodat hij ze respecteert?

> Als ik hem niet kan zeggen: "Ga deze kant op, dat is veiliger..." (met geduld en liefde) om op te groeien in vertrouwen naar anderen?

En als er nog duizenden "als het niet kan" zijn…

Waarom zou iemand dan een mens in de wereld zetten?

Om met poppen te spelen? Om een spel van "raak of mis" te spelen? Ouderschap is op zichzelf al een spel van "raak of mis." Waarom dat doen als we ons eerst kunnen voorbereiden op deze rol?

De meeste van ons denken dat we alles weten, dat we klaar zijn omdat we volwassen zijn geworden, dat we het aankunnen omdat we een baan hebben, dat we volwassen dingen doen, en dus een kind kunnen krijgen. Zou het niet verstandiger zijn om je eerst voor te bereiden op het ouderschap, duizenden variabelen te bestuderen, eerst een minimaal bewust mens te worden met een sterk ego dat zich niet laat verleiden door elke illusie, een persoon die eerst bepaalde wetten begrijpt, zoals de wetten van zelfliefde, de wetten van menselijke interactie, de wet van wederkerigheid, de wetten van de natuur?

Stel je een wereld voor waarin kinderen dit kunnen leren van hun ouders, of op school Deze kinderen zouden onvermijdelijk bewuster opgroeien. Wanneer ze in de puberteit komen en hun seksuele instincten sterk aanwezig zijn, zullen ze, met deze stevige basis in hun hoofd, bewuster zijn en drie of vier keer nadenken voordat ze zich laten meeslepen door hun seksuele instinct.

Het lijkt simpel, nietwaar?

En dat is het ook. Dingen kunnen echt eenvoudig worden gemaakt.

Zeker, er zullen mensen zijn die zeggen:

"Het kind moet vrij zijn."; "Het leven gaat zijn gang."; "Laat het leven je leiden."; "Dingen gebeuren."; "Oeps, het gebeurde gewoon ";

Dat heet wanorde!

Laten we ongeorganiseerd leven, want het is zo prettig om geen regels, principes, waarden, enzovoort te volgen.

En zo gaat de deur naar chaos wagenwijd open.

Wanneer er geen doel is, dan leeft men precies zo, *"laat het leven me maar leiden,"* en creëren we alleen maar meer problemen. Wat is daar mis mee? Laten we zo blijven leven. Leven in wanorde, tijd verspillen aan opruimen, en degenen die in orde willen leven, dwingen om de wanorde van degenen die ervoor kozen om "vrij" te leven, op te ruimen. "Vrijheid moet niet verward worden met losbandigheid". Dit is een ongekende verspilling van tijd. Waarom begon ik deze lessen met het onderwerp "kinderen"?

Omdat het, het begin is.

Wanneer je eerst denkt aan alle variabelen van het krijgen van een kind, wanneer je je eerst bewust bent van deze taak en alles wat daarbij komt kijken.

Is dat volgens mij de meest effectieve manier om de problemen te voorkomen van de volwassene die het kind ooit zal worden.

Voor een waardig leven is het niet voldoende om alleen maar te dromen van een gezin, een prachtig gezin te plannen, te dromen van de liefde die voortkomt uit dat gezin dat je gaat opbouwen, of te willen dat je als ouder je best doet en dicht bij "je eigen" iemand bent om van te houden, zoals we doen als we een kind hebben…

Het vergt veel meer. Het is noodzakelijk om enigszins zeker te zijn van je voorbereiding op de vele obstakels, tegenslagen, problemen. Het is niet alleen vreugde, het zijn niet alleen goede dingen de hele tijd, het is nooit zo geweest en zal ook nooit zo zijn als in een Disneyland-reclame. Een kind krijgen is een WERK, een serieuze taak om een mens te vormen die in staat is bij te dragen aan een betere wereld, en de grootste daad van liefde die we een kind kunnen tonen, is hem of haar uitrusten voor het leven in harmonie met anderen.

Samenvattend: Een kind wordt geboren uit een man en vrouw onder normale omstandigheden.

In deze omstandigheden moet er een relatie tussen hen zijn. Deze relatie moet stabiel zijn, waarbij de partners elkaar op lange termijn als ideaal voor elkaar zien. De partners hebben elkaar onderzocht.

De gemeenschappelijke kenmerken en verlangens opgemerkt, de illusie dat deze persoon "de juiste" lijkt te zijn. Met andere woorden, de partner is voldoende leren kennen.

We kennen de ander altijd weinig, of heel weinig. Het vergt jaren van samenzijn voordat de maskers vallen en je enige zekerheid hebt, en zelfs dan kun je op een dag wakker worden en zeggen: "Met wie ben ik getrouwd, in godsnaam? Wie is deze persoon die bij mij woont?" Heeft deze man of vrouw ten minste de morele waarden om het andere uiteinde van de brug te vormen die het kind nodig heeft om zichzelf in balans te brengen en een goed volwassen mens te worden? Stel je voor dat het mentale concept van familie een vader is, brug (brug = relatie), een moeder en het kind, alle drie op de brug. Denk dat de familie de vader aan de ene kant van de brug is, de moeder aan de andere kant en het kind in het midden.

Hebben we geestelijke gezondheid, bewustzijn, een gezond lichaam, geld en zijn we voorbereid op alle eisen die nodig zijn om dit kind op te voeden? Zal de persoon met wie ik heb besloten een kind te krijgen op zijn minst aanwezig zijn in het leven van dit kind, mochten wij uit elkaar gaan of mocht ik sterven? Ja, want de relatie kan breken tussen een koppel, maar wat niet mag breken is de hand die het kind vasthoudt aan de andere kant van de brug. Het is alsof we op een korte brug staan waar twee mensen het kind vasthouden en elk van hen een van hun armen uitstrekt. Precies hier beginnen de problemen, wanneer de ander niet meer aan de andere kant van de brug staat. Kijk eens naar je buren aan de rechter- en linkerkant van je huis Met zekerheid heb je wel iets gezien, gehoord

of meegemaakt dat niet goed ging bij die familie. Alle families hebben problemen.

Een kind wordt geboren met problemen of de vader of moeder is alcoholist, of de ouders ruziën veel, of er is geen geld, of de mensen zijn ziek…

In conflict met elkaar, verschillen van mening, of er is niet genoeg fysieke kracht, enzovoort.

We zijn onvolmaakte wezens, maar we zoeken naar wat perfect is, en die perfectie lijkt nooit te zullen komen.

We weten dat, maar we kunnen de pijn in de wereld verminderen door beter na te denken of we in staat zijn deze pijn te verzachten of te verergeren.

Wanneer je jezelf niet voorbereidt, geen minimaal bewustzijn hebt, dan geef je dat ook door aan je kind. Een feit is dat de meeste van ons hebben geleerd dat we op deze planeet veel kunnen doen van wat we willen. Net als in een pretpark kunnen we van alles doen. We kunnen seks hebben, onbeperkt eten, overal rondlopen, kinderen krijgen.

De mensheid groeide en toen ontstonden wanorde en chaos. En dus werden wetten opgesteld om het samenleven in vrede mogelijk te maken. Met een verzameling wetten van allerlei aard om met anderen samen te leven.

Is het constant nodig; om wetten te creëren om instorting te voorkomen. De meerderheid bepaalt wat mag en niet mag, wat toelaatbaar is en wat niet. We zien dat de wetten over het vormen van een gezin en het krijgen van kinderen nog steeds zwak zijn. Precies daarom brengen we mensen zonder enige criteria ter wereld.

Er is geen enkele beperking om een kind te krijgen, behalve die van de natuur. Soms denk ik dat kinderen komen om ons beter te maken, omdat we het alleen niet zouden redden.

Met een wezen dat ons alles brengt wat opnieuw moet worden gemaakt, herzien en overdacht.

Wat we niet eerder deden, goed of fout, komt terug. Het is alsof er iets is dat ons leven beheerst, dat ons dicteert dat een mens om te groeien hulp nodig heeft. In feite, volgens deze gedachtegang, is het de volwassene die moet groeien, want hij of zij op een bepaald moment vastloopt en die stap moet nemen om ouder te worden, kan dit een nieuwe manier zijn om te evolueren. Zou het tegenstrijdig zijn om te zeggen dat "een kind komt" om iemand sterker te maken, en tegelijkertijd te zeggen "wees zorgvuldig met het krijgen van kinderen"? Ja, dat is tegenstrijdig.

Een kind zal altijd degenen die voor hem of haar zorgen, helpen om te groeien en te rijpen als ouders. De problemen die zich voordoen, maken deel uit van dit rijpingsproces. Dus, als een kind komt om iemand te helpen volwassener te worden, waarom dan voorzichtig zijn?

Voorzichtigheid dient om chaos te verminderen of te vergroten. Het is mogelijk om bewuster kinderen op te voeden, mensen die niet zullen stelen of doden om zichzelf te verrijken, die geen ongeluk zullen veroorzaken voor zichzelf en de wereld.

Er moeten mensen op de planeet komen die aan anderen denken, die zich bewust zijn dat ze altijd de laatste in de rij zijn – nummer 8 miljard.

Een kind zal onvermijdelijk de meest uiteenlopende en complexe situaties meebrengen om zijn ouders te helpen rijpen.

Maar het is mogelijk, met een beetje bewustzijn en zorgvuldigheid in termen van locatie, tijdstip, keuze van partner en doel, de chaos in de wereld te verminderen. Wat ik wil zeggen is:

Krijg kinderen, maar wees je bewust van wat je zult achterlaten in de wereld. Zullen mijn kinderen de wereld verbeteren of verslechteren? Alles wat hierboven is besproken, komt neer op deze vraag, die ik zal herhalen:

"Zullen mijn kinderen de wereld verbeteren of verslechteren?"

Ik weet niet hoe het met jou zit, lezer, maar ik wens vurig dat mijn dochter de wereld verbetert en dat de wereld beter is wanneer ik wegga, zodat zij minder lijdt. De principes die ik haar heb geleerd, zijn misschien niet de

beste, maar ik probeer hier, in dit leven, waarden over te dragen, rekening te houden met anderen, en groepsregels te volgen.

Het kan zijn dat ze niets van wat ik voorstel oppikt en een andere weg volgt wat ik onwaarschijnlijk acht, want ik zie deze principes al in haar persoonlijkheid, maar ik heb haar principes gegeven die in overeenstemming zijn met de realiteit dat noch zij, noch ik *"ala vonteur"* leven. De anderen hebben er ook baat bij dat zij in harmonie met hen leeft. * *ala vonteur is een Franse expressie vaak in Brazilië gebruikt en bedoeld "alles mag"*

Oké.

Het is duidelijk dat voorzichtigheid helpt om chaos te verminderen. We zullen meer bewust zijn bij de beslissing om kinderen te krijgen, omdat we een betere wereld willen. Dus gaan we alle mogelijke variabelen onderzoeken.

Heb ik bewustzijn?;

Ja.

Heb ik een gezond lichaam?

Ja.

Ben ik mentaal gezond?;

Ja.

Ben ik bereid om iemand minstens 50 jaar lang te leren hoe hij of zij door het leven moet gaan?;

Ja.

Zal mijn partner aan de andere kant van de "brug" blijven, zelfs als de brug breekt en hij of zij ook het kind vasthoudt?;

Ja.

Heb ik voldoende fysieke kracht om minstens te kunnen lopen?;

Ja.

Kan ik werken, geld verdienen en onderhouden?;

Ja.

Wil ik een betere wereld en wil ik daaraan bijdragen, of interesseert dat me niet?;

Ja, ik wil het.

Een kind is geen fantasie, geen margarinereclame. Het is WERK, geen illusoir geluk (magisch denken) dat ons doet geloven dat het een doel in het leven of een vervulling van liefde in het hart zal bieden.

"Nu heb ik een doel, nu zal ik mijn leven vervullen, ik zal alles doen voor dit wezen dat kwam om me te redden!"

Velen van ons (heel velen) krijgen kinderen vanuit dat oppervlakkige en speelse begrip dat een kind de mooie dingen zal brengen die we altijd al verwachtten. De relatie zal verbeteren, dat er nu een groter doel is... Dit kan enige tijd waar zijn, en zoals eerder gezegd, zal een kind inderdaad meer bewustzijn brengen aan iemands leven, maar het ideaal om dit als dé oplossing voor je leven te zien, is slechts een misleiding die de mensheid vertraagt.

Sterker nog, dit is behoorlijk egoïstisch en leidt tot allerlei problemen die je je kunt voorstellen.

Dus laten we kinderen krijgen, maar laten we kinderen krijgen met bewustzijn!

Als dat bewustzijn er niet is, zoek het dan op! Bewustzijn zal komen wanneer we besluiten onszelf niet langer voor de gek te houden en te leven alsof we het niet nodig hebben.

Hoofdstuk 2
Het Kind

Dus, het kind is geboren.

Bewuste volwassene?

Wij allemaal, zonder uitzondering, doorlopen een proces. Een proces van identificatie. In het eerste deel van ons leven, tot onze veertigste, verzamelen we goede en slechte ervaringen, fouten en successen; we groeien

In het tweede deel is het tijd om het huis op orde te brengen. Het leven zal ervoor zorgen dat je je huis op orde brengt (de innerlijke ruimte die zich weerspiegelt in de buitenkant). In dit proces, wanneer je veertig bereikt, kom je oog in oog te staan met alles wat je hebt opgebouwd, en dat wat dubbel en verdeeld is, zal worden blootgelegd zodat er slechts één "ik" overblijft.

Als je jonger bent dan veertig, wacht maar af en vertel me dan. Dit is een feit! Alle opgeslagen trauma's, alle verborgen behoeften, alle angsten alles zal terugkeren om je bewust te maken van wat je in je draagt en om de zaken op te lossen die zijn achter gebleven.

Er is geen "snelle oplossing." Het valt ook niet uit te stellen, want uitstel zal alleen maar maken dat deze inhoud steeds terugkeert in plaats van te verdwijnen. Ik geloof zelfs sterk dat sommige ouderdomsziektes veroorzaakt worden door deze niet-aangekeken en niet-betekenisvolle ervaringen.

Omdat het onbewuste zich uit via het lichaam.

Om een bewuste volwassene te vormen, is het noodzakelijk dat je als ouder bewust bent van het menselijk wezen dat je in de wereld zet en weet dat kinderen krijgen geen wandeling in het park is; het is een taak die vaak zwaar en vol verantwoordelijkheid is.

De normen voor het krijgen van een kind zijn zo vaag als een kleine wolk op een zonnige dag, en zo ontstaan problemen. Wij, mensen, krijgen kinderen zonder enig criterium, zonder na te denken, zonder te overwegen, zonder te berekenen en, erger nog, zonder enige basiskennis.

Een kind krijgen is niet alleen een kind op de wereld zetten; het is de verantwoordelijkheid om de wereld te verbeteren. Zonder dat besef blijven we leven in een wereld die hetzelfde is of erger dan de wereld waarin wij opgroeiden. Om in dit opzicht enig succes te boeken (succes = mentaal gezonde volwassene = betere wereld), is het nodig om hard te werken en voorbereid te zijn op een leven lang leren, onderwijzen, zorgen maken, geld uitgeven, enzovoort.

Het kind is geboren...

Heeft het kind een minimaal comfortabel thuis? Ben je in staat om dat thuis te bieden? Kun je werken om in het levensonderhoud te voorzien? Heb je de mentale gezondheid om jezelf te beheersen wanneer je geen tijd voor jezelf hebt, telkens wanneer je moet schoonmaken, voeden en voor deze baby moet zorgen? Stel dat het antwoord ja is. Leid je een stabiel leven met de andere ouder? Zal die ouder, zelfs als jullie uit elkaar gaan, naar dit kind omkijken? Is er een vriendschappelijke, spirituele band tussen de ouders die hen verplicht om voor dit kind te zorgen (liefst met liefde), zelfs als ze uit elkaar gaan of als een van beiden overlijdt? Als de ouders overlijden, heeft dit kind dan nog een referentie van waar het vandaan komt, bijvoorbeeld grootouders of ooms en tantes?

Het lijken voor de hand liggende en eenvoudige vragen, maar hoeveel van ons beschouwen deze vragen als banaal en zonder gewicht en stellen ze daarom niet? Erger nog, we stellen ze niet en volgen ze nog minder.

Ze lijken simplistisch, maar juist deze vragen stellen we niet en dat doen we niet vóór we beslissen om een kind te krijgen. Weet je waarom?

Omdat we gewend en foutief getraind zijn om te doen wat we willen zonder de gevolgen ook maar te overwegen. We stellen ons eigen welzijn boven dat van de planeet, en we brengen kinderen op de wereld zonder na te denken over hun toekomst of die van de aarde. Wanneer je echt beseft dat een vriendschapsband met de andere ouder essentieel is voor het welzijn van het kind en om de schade te beperken die een gebrek aan die band kan veroorzaken, besef je ook dat we hier spreken over zaken die we kunnen en moeten vermijden, niet over onvermijdelijke tegenslagen.

Uit mijn ervaring en alles wat ik heb gezien en meegemaakt, blijken de problemen in de wereld te worden veroorzaakt door mensen die zijn opgegroeid met tekorten.

Gebrek aan; een thuis, liefde, zorg, genegenheid, begrip, aan een vader, aan een moeder, aan gesprek, geduld, gezonde grenzen (schreeuwen, slaan en vernederen zijn niet gezond), kalmte, geld, veiligheid, steun, begrip, informatie, correctie, balans Het eerste gemis dat een kind zal voelen, is het gemis van een vader of moeder.

We zouden kunnen denken:

"Maar de moeder stierf tijdens de bevalling "

Die vader die leeft, moet dan in staat zijn om zijn werk te doen en de afwezigheid van de moeder voor dat kind te compenseren, ofwel door ook een moederlijke rol op zich te nemen, of door hulp te zoeken van iemand of instellingen om die rol te vervullen. Als ik spreek over de band tussen de ouders, bedoel ik dat, als we kunnen, we vóór we kinderen krijgen onszelf moeten afstemmen en deze verplichting moeten versterken met de persoon die we hebben

gekozen als andere ouder. We moeten zeker weten dat dit kind niet in de steek zal worden gelaten, en als dit onvermijdelijk is, dat het werk gedaan zal worden.

De verplichting om een kind te hebben en een mentaal gezonde volwassene te vormen, zal worden vervuld door iemand binnen de familie van dit kind. Als het niet de ouders zijn (de beste optie), dan misschien grootouders, ooms, tantes, enzovoort. In mijn jeugd in Brazilië, werden kinderen door een priester gezegend (doop) en werden er mensen aangewezen als peetouders.

In geval van een noodsituatie, zoals het overlijden van de hele familie, zouden deze mensen voor de kinderen zorgen.

Dit soort overeenkomst gaf ons, op een bepaalde manier, een gevoel van veiligheid. De toekomst van een kind moet serieus worden genomen en serieuze afspraken binnen de familie en vriendschappen zouden vooraf moeten worden gemaakt.

Neem mijn eigen verhaal als voorbeeld:

Op mijn 26e werd ik verliefd op een man die ik prachtig vond, charmant, een ware "Don Juan," knap, scherp, grappig, maar ook instabiel, verslaafd aan cocaïne en psychisch verstoord.

Het was geen geplande zwangerschap.

Ik dacht niet aan kinderen; ik bevond me op het hoogtepunt van mijn jeugd en wilde alleen maar genieten van de geneugten van het leven.

Vandaag, hoewel mijn dochter een geschenk van God is, iemand die me op het pad van begrip heeft gebracht, Ik zou geen relatie met hem hebben.

En bijgevolg geen kinderen met hem krijgen (maar terugkijkend zonder hem had ik haar niet gehad, dus het was positief). Hij heeft de diagnose schizofrenie (psychotisch) en gebruikt al meer dan twintig jaar drugs. Sinds onze breuk heeft hij zijn dochter nooit meer gezien vanwege zijn psychische toestand en mijn gebrek aan begrip destijds over wat het betekent om een kind te hebben.

Mijn dochter is, ondanks dat ze niet perfect is, net als iedereen, (voor mij wel) een goed mens.

Ze is bijna 20 en lijkt een verantwoordelijke persoonlijkheid te hebben ontwikkeld. Toch merk ik dat wat ze het meeste mist, haar vader is, het contact, de mannelijke aanwezigheid, de "wet."

De problemen die ze ervaart, komen precies voort uit dat gemis en het gewicht van het feit dat ze alleen door een ouder wordt grootgebracht.

Om als enige ouder een goede opvoeding te geven, moet die ouder dubbel zo gezond zijn, maar dat is niet altijd haalbaar. Ondanks alles wat ik heb gedaan, voel ik dat deze keuze een leegte heeft gecreëerd in iemand die de aanwezigheid van de andere ouder nodig had en nog steeds nodig heeft.

Nu zou je kunnen denken:

En wat dan? Het maakt niet uit! De moeder vervulde de rol van moeder én vader, werkte hard, onderwees, doorstond stress en tranen en slaagde erin het kind min of meer gezond groot te brengen. Je zou kunnen denken: Hoeveel mensen zijn opgegroeid zonder de andere ouder en zijn mentaal gezond en succesvol geworden?

Er zijn inderdaad talloze gevallen van mensen die opgroeiden zonder beide ouders samen of met een afwezige ouder en toch hun weg in het leven vonden. Iedereen doorliep zijn of haar pad en dat was dat.

Maar dat is misleiding! Pure misleiding! Een kind heeft beide ouders nodig.

Misleiding – elke vorm van bedrog, manipulatie of truc die bedoeld is om iemand te misleiden en een verkeerd indruk te geven.

We praten hier, over en voor mensen die perfect in staat zijn om niet alleen een verantwoordelijke partner te kiezen.

Maar ook om een spirituele overeenkomst aan te gaan, met de intentie om kinderen te krijgen binnen de normale kaders. *(normaal kader: mensen die elkaar langdurig willen en bewust kinderen willen krijgen, en zich spiritueel met elkaar verbinden voordat ze kinderen krijgen).*

Dit zijn mensen die zielsverbintenissen aangaan zodat het kind meer wordt dan alleen "ons kind", het is een project ter verbetering van de wereld, of op zijn minst een poging daartoe (het is niet eenvoudig, maar het is mogelijk). We hebben het over mensen die hun best willen doen en daarvoor rituelen en discipline volgen, zich richten op een doel en hun stappen zorgvuldig in die richting zetten. Ik had geen ritueel met de vader van mijn dochter. Helaas verbond ik me niet bewust met hem met dit doel voor ogen; ik wist niet eens wat ik deed, net zoals duizenden anderen dat ook niet weten. Ik weet zeker dat, als ik destijds wist wat ik nu weet, de ernst hiervan een betere toekomst voor ons drieën zou hebben betekend.

Ik zou ons sterker hebben verbonden op dat niveau om ons kind te beschermen tegen de mogelijke gevolgen van zijn afwezigheid. En ik ben er zeker van dat hij hetzelfde zou hebben gedaan, want ondanks zijn toestand had er iets meer kunnen worden gedaan.

Ik heb het hier niet over het redden van de relatie of het proberen de relatie te behouden. Soms is het beter om geen huwelijksband te hebben; ik bedoel de spirituele verbintenis.

Wanneer we besluiten om onszelf te verbinden met iemand anders om een kind te krijgen, verbinden we ons op een hoger niveau of een hogere dimensie, en deze verbinding moet met meer respect worden bekeken.

Het is perfect mogelijk om rationeler te zijn en betere keuzes te maken. Je moet ten minste iemand kiezen die heeft bewezen verantwoordelijkheid te dragen, ten minste met betrekking tot het kind, en jij moet die verantwoordelijkheid ook dragen.

Het delen van fysieke energie met iemand anders is een verbinding tussen tempels, en uit deze eenheid zal een goddelijk wezen geboren worden.

Wij zijn goddelijk! We moeten met meer respect kijken naar het soort tempel waarmee we deze verbinding aangaan. Zoals al gezegd, krijgen we kinderen zonder enig criterium; het doel lijkt te zijn de wereld zo vol mogelijk te krijgen.

Wat dat oplevert, maakt niet uit. Als we verliefd zijn, volgen we geen enkele regel meer.

De fantasie van verliefdheid, de belofte van eeuwige liefde, verblindt ons.

Ons leven op aarde weerspiegelt precies dat gebrek aan zorg bij het creëren van iemand die ooit iemand anders zal worden. Laten we een moment doen alsof we alles hebben overwogen, alle variabelen hebben doordacht en de ideale partner hebben gekozen.

Deze persoon een spiritueel pact heeft gevormd om verantwoordelijkheid te nemen voor de vrucht van deze verbinding, wat er ook gebeurt. Als hij of zij ziek wordt en lange tijd bedlegerig is, of als hij of zij overlijdt, zal de familieband van deze persoon de zorg voor dit kind op zich nemen.

Wat te doen vanaf dat punt?

Dit kind zal zich ontwikkelen door de interactie met de verzorgers, absorbeert indrukken, blikken, gevoelens en alles uit de buitenwereld om een uniek individu te worden.

Wat je aan dit kind toont, zal op de een of andere manier in hem of haar worden opgenomen.

Wij zijn 100 procent, 50 procent vader en 50 procent moeder. Wanneer we met iemand praten, spreken we eigenlijk met het karakter van beide ouders of verzorgers dat in de persoon is geïntegreerd. Als de vader of moeder niet aanwezig is bij de opvoeding van het kind, zal het ontbrekende deel worden ingevuld door een familielid, verzorger, leraar, enzovoort.

Naast de basisbehoeften van het kind is er meer nodig: betrokkenheid! Betrokken zijn bij het proces om iemand te vormen die de wereld beter maakt.

Hoe?

Door te onderwijzen!

Alles onderwijzen!

Ouders worden betekent ook dat je levensleraar wordt, schoonmaker, raadgever, advocaat, rechter, arts, verpleegkundige, bank, enzovoort.

Je zult genegenheid, aandacht en zorg geven (dat is een vereiste, een afwijking daarvan zal het kind schaden), maar al in de eerste dagen is het mogelijk om deze baby aan te passen aan de nieuwe wereld, aan de plaats waarvan jij wilt dat hij of zij deel uitmaakt.

We willen een wereld die gelijkwaardiger, rechtvaardiger, menselijker en gezonder is.

Laten we vanaf de vroegste momenten dit kind leren om die persoon te worden. Met dit bewustzijn als levensleraar geef je borstvoeding, reinig je, toon je genegenheid, spreek je zacht, vermijd je stress, visualiseer je een goed persoon terwijl je voedt, en versterk je het pact om van dit kind een functionele en gezonde volwassene te maken. Het is mogelijk om vanaf de eerste dagen rust en stilte te onderwijzen, door zelf kalm en stil te zijn.

Het is mogelijk, vanaf de eerste dagen, om geen stress door te geven aan het kind, om het te laten voelen dat het geliefd is, en indien mogelijk, ervoor te kiezen om een rustige en gezonde zwangerschap te hebben. Want je weet (of zou moeten weten) dat wat in de zwangerschap wordt meegegeven, in de toekomst terug zal komen.

Laatst deed ik een spirituele retraite en woonde ik een lezing bij van Adriano De Oliveira Calhau - Braziliaans, een specialist in "geboortekaarten," die uitlegde dat wat er gebeurt bij de geboorte, het lot van het kind kan beïnvloeden. Ik hoorde verhalen over een kind dat tijdens de bevalling niet op natuurlijke wijze kon worden geboren en met een problemen naar buiten werd geduwd. Nu, op 25-jarige leeftijd, heeft deze meisje serieuze afhankelijkheidsproblemen, omdat zij voor alles een "duwtje" nodig heeft om dingen gedaan te krijgen. Zij kampt met mentale problemen, een IQ van 80 en een emotionele leeftijd van 3 jaar.

Als we goed onderzoek doen, zien we dat zwangerschap, bevalling en de vroege kinderjaren van invloed zijn op de toekomst van een kind. Dit is serieus en bewezen!

Nu, als je de juiste persoon niet hebt gekozen en een kind hebt gekregen door; "Ops, I did it again!" (*de uitdrukking uit Britney Spears' lied die betekent; "Oeps, ik deed het weer" of "ik maakte opnieuw dezelfde fout"*).

Als je geen criterium had bij het kiezen van een gezonde partner, als de zwangerschap niet goed was en je de details niet hebt verzorgd of geen pact hebt gesloten met de andere ouder... dan is het belangrijk om vanaf nu te proberen het beste te halen uit de mogelijkheden die je hebt. Op zijn best zal het kind gewoon een van de vele kinderen zijn zoals degenen die al op deze aarde rondlopen, en de wereld blijft zoals hij is.

Maar wat dan met kinderen die geboren worden met problemen, moeilijke geboortes of onder zware omstandigheden?

We kunnen dit niet altijd voorkomen. We geloven vaak dat we niet kunnen voorkomen dat kinderen geboren worden met aangeboren afwijkingen, ziektes, of de meest gecompliceerde tegenslagen. Zelfs wanneer we denken de ideale partner te hebben gekozen, kan het samengaan van onze lichamen een kind voortbrengen met onverwachte problemen. We waren ervan overtuigd dat we gezond waren, en toch hebben we een kind gekregen dat bijvoorbeeld zonder een arm geboren werd. Het is moeilijk om te geloven, ik weet het; het heeft ook lang geduurd voordat ik dit begreep. Maar de waarheid is dat we voor 50 procent vader en 50 procent moeder zijn, biologisch, spiritueel, mentaal en sociaal. Als een kind bijvoorbeeld zonder armen geboren is, betekent dat niet letterlijk dat een van de ouders een arm mist, maar dat er in hun ziel een amputatie is.

Wanneer we niet naar binnen kijken en erkennen wat we daar vinden, worden we gedwongen om dit extern te zien. Zoals eerder gezegd, is er een innerlijke schaduw die

zich op de een of andere manier zal manifesteren om te worden gezien.

Dit kind zal problemen en situaties met zich meebrengen om deze en andere punten onder ogen te zien. Dit wordt de levensreis van dit trio. Begrijp je, lezer, hoe ver die keuzecriteria eigenlijk reiken? Ze liggen zo ver dat het ontmoedigend kan zijn om er überhaupt over na te denken. Voordat we verder gaan, is het belangrijk om iets over psychologie te begrijpen: elk kind, zonder uitzondering, doorloopt verschillende stadia van psychoseksuele ontwikkeling.

Ik zal deze fasen kort toelichten zodat je begrijpt hoe onze psyché werkt. Door deze fasen te begrijpen, krijg je een beter inzicht in wat het betekent om kinderen te hebben; het gaat veel verder dan we denken te weten. Om dit te begrijpen, moet je didactisch materiaal over Freuds psychoanalyse raadplegen voor een breder begrip van hoe we functioneren.

Laten we daarna ons gesprek hervatten. En voordat je begint met lezen en leren, bedenk dit: als ik vanaf nul ben begonnen, gestudeerd en geleerd, kun jij dat ook! Geen excuses van "O nee, daar komt weer studiemateriaal, dat wil ik niet."

Om meer ontwikkeld te worden, is het noodzakelijk om te leren, intellectueel te zijn, diepgang te zoeken. Lees, lees opnieuw, en nog eens, ontspan, open je geest en laat hem werken, want dat is nodig!

Tekst:

Volgens Freud is onze psyché verdeeld in drie structuren:

Id, Ego en Superego, en daarnaast het bewuste, het onderbewuste of voorbewuste, en het onbewuste. Kijk naar de volgende afbeelding voor een beter begrip!

(Opmerking: hier zou normaal gesproken een afbeelding van Freuds model met de drie structuren en niveaus van bewustzijn worden getoond.)

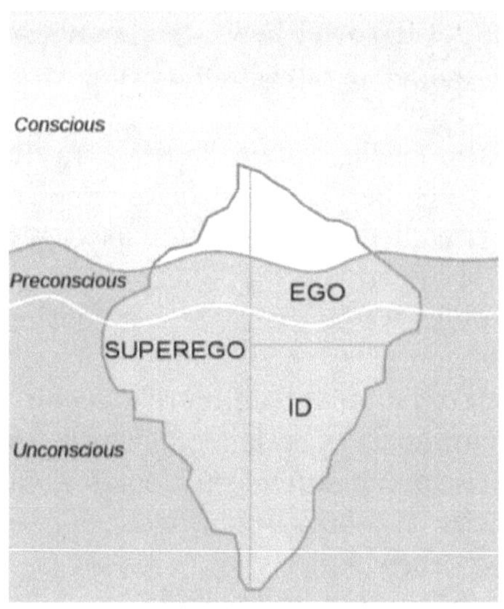

Onze psyché volgens Freud is opgebouwd uit drie belangrijke structuren: het Id, het Ego en het Superego. Daarnaast bestaat onze psyché uit drie bewustzijnsniveaus:

Het bewuste,

Het onderbewuste of voorbewuste,

Het onbewuste.

Een illustratie van het "ijsbergmodel" helpt om deze lagen beter te begrijpen. **Het ijsbergmodel van onze psyché:**

Stel je een ijsberg voor: het deel boven water vertegenwoordigt ons bewuste – dat wat we zien, weten, en besluiten.

Onder het wateroppervlak begint de indeling. Aan de rechterkant, in een gebied waar we nog kunnen duiken en terug naar de oppervlakte kunnen keren, bevindt zich het onderbewuste of voorbewuste.

Dit deel bevat informatie die beschikbaar is als we het nodig hebben, zoals het herinneren van een telefoonnummer. Nog verder naar beneden in de ijsberg bevindt zich ons **Ego** – dit is waar onze rationele logica en wat we nu denken, zich bevindt.

Het Ego heeft zowel bewuste als onbewuste componenten; een voorbeeld van een onbewust deel van het Ego zijn de afweermechanismen.

Helemaal onderin, in het diepste gedeelte van de ijsberg, bevindt zich het **Id** (onbewuste impulsen). Het Id is als het grootste, diepste deel van de ijsberg, en de omringende zee vertegenwoordigt het onbewuste. Aan de linkerkant vinden we het bewuste, het voorbewuste en het Superego.

Het **Superego** omvat de morele regels waarvan we ons bewust zijn, zoals "niet doden," en heeft zowel bewuste als onbewuste componenten; een klein deel van het Superego reikt zelfs tot buiten het wateroppervlak, in het bewuste en voorbewuste.

De functie van elk onderdeel:

Het Id vertegenwoordigt impulsiviteit (onbewuste impulsen), het Ego rationaliteit (het contact met de werkelijkheid), en het Superego moraliteit.

Deze drie structuren bepalen de manier waarop een persoon met zichzelf en anderen omgaat.

Diepten van de psyché:

De menselijke geest is verdeeld in drie diepteniveaus: het bewuste, voorbewuste en onbewuste.

Id, Ego en Superego zijn geen vaste structuren, en hoewel het "ijsbergmodel" soms een starre indruk geeft, kunnen deze drie structuren door de verschillende bewustzijnsniveaus bewegen.

Het Id is de bron van psychische energie die impulsiviteit stimuleert. Het Id houdt zich bezig met instincten en biologische verlangens, zoals genot en primitieve driften, en is volledig onbewust. Een voorbeeld van een impuls in het Id is het verlangen om uit een vliegtuig te springen en de val te voelen; natuurlijk grijpen het Ego en het Superego in met overlevings-en morele principes, en herinneren de persoon eraan dat het veilig kan worden gedaan met een parachute.

Het Id is irrationeel en altijd op zoek naar genot, omdat seksuele impulsen daar ook aanwezig zijn. Het kan niet goed omgaan met frustratie en zoekt naar onmiddellijke oplossingen. In het Id bestaan concepten zoals goed of slecht, tijd of ruimte niet – het Id heeft geen besef van de werkelijkheid zoals het Ego en Superego.

Het Ego ontwikkelt zich vanuit het Id, waardoor het deels onbewuste elementen bevat. Het Ego functioneert echter vooral op het bewuste niveau en verbindt ons met de werkelijkheid.

Dit "principe van de realiteit" reguleert de psyché door de impulsen van het Id te matigen en een evenwicht te vinden met de morele beperkingen van het Superego en de sociale realiteit.

Het Ego neemt in veel gevallen de uiteindelijke beslissingen en is gericht op balans. Zonder een gezond Ego kunnen impulsieve verlangens van het Id de overhand nemen.

Het Superego begint zich rond de leeftijd van vijf jaar te ontwikkelen, wanneer kinderen meer in contact komen met sociale normen, zoals op school. Het vertegenwoordigt morele en culturele idealen en fungeert als de interne "rechter" die het Ego waarschuwt over wat moreel acceptabel is, op basis van waarden die gedurende het leven zijn opgedaan. Het Superego vertegenwoordigt het sociale aspect van de psyché en is zowel bewust als onbewust. Het is vaak een gevolg van opvoedkundige regels en straffen en drukt gevoelens van schuld en angst voor straf uit.

Conflicten tussen Id, Ego en Superego: Volgens Freud ontstaan psychische stoornissen wanneer het Id, Ego en Superego met elkaar in conflict raken, omdat deze drie elementen samen een psychisch evenwicht moeten behouden. Het Ego reguleert de driften van het Id en de beperkingen van het Superego, en zorgt ervoor dat de psyché in balans blijft.

Psychoseksuele ontwikkeling: Freud geloofde dat de menselijke ontwikkeling draait om spanning en genot.

Alle spanning komt voort uiteen ophoping van libido (seksuele energie), terwijl genot ontstaat uit het loslaten ervan.

Deze libido, een drijfveer en levensenergie, richt zich in verschillende ontwikkelingsstadia op specifieke lichaamsdelen.

De wijze waarop de seksuele energie van het Id zich in de loop van de biologische rijping opbouwt en ontlaadt, vormt volgens Freud de basis voor de ontwikkeling van de menselijke persoonlijkheid.

Hij gebruikte de term "seksueel" in zeer brede zin om alle plezierige handelingen en gedachten te omvatten. Hij benadrukte, dat de eerste vijf levensjaren cruciaal zijn, voor de vorming van de volwassen persoonlijkheid.

Het Id, moet onder controle worden gehouden, om te voldoen aan sociale eisen. Wat een conflict creëert tussen gefrustreerde verlangens en maatschappelijke normen.

Het Ego en Superego ontwikkelen zich om dit controlemechanisme te ondersteunen, waarbij de behoefte aan bevrediging naar maatschappelijk aanvaardbare kanalen wordt geleid.

De rol van conflict in de psychoseksuele ontwikkeling: De bevrediging richt zich in elk stadium op verschillende lichaamsdelen, wat specifieke conflicten in elk psychoseksueel stadium creëert. Ieder van de vijf psychoseksuele stadia gaat gepaard met een specifiek conflict dat moet worden opgelost voordat een individu succesvol naar het volgende stadium kan gaan. Het oplossen van deze conflicten vereist het verbruiken van seksuele energie, en hoe meer energie in een bepaald stadium wordt verbruikt, des te meer kenmerken van dat stadium zullen aanblijven naarmate het individu psychologisch volwassen wordt.

Freuds militaire troepen-analogie:
Freud gebruikte de analogie van marcherende troepen om dit uit te leggen.

Terwijl de troepen vooruitgaan, worden ze geconfronteerd met tegenstand of conflicten.

Als ze erin slagen om de strijd te winnen en het conflict op te lossen, kan de meerderheid van de troepen (libido) naar de volgende strijd (stadium) doorgaan.

Hoe groter echter de moeilijkheid in een bepaald stadium, hoe meer troepen moeten achterblijven om te vechten, wat betekent dat minder energie overblijft om verder te gaan naar het volgende conflict.

Frustratie of overmatige zorg als obstakel:
Sommige mensen lijken niet verder te komen naar het volgende stadium.

Dit kan gebeuren wanneer de behoeften van het individu in ontwikkeling niet voldoende zijn vervuld, wat leidt tot frustratie, of wanneer deze behoeften te goed zijn vervuld, wat resulteert in een neiging om te blijven hangen bij de voordelen van een bepaald stadium door overmatige zorg. Dit wordt vaak geassocieerd met een; "giftige moeder" of een "overheersende" of afwezige vader.

Zowel frustratie als overmatige zorg (of een combinatie daarvan) kunnen leiden tot wat psychoanalytici een "fixatie" op een bepaald psychoseksueel stadium noemen. Technisch gezien betekent **"fixatie"** dat een deel van de libido van het individu permanent is "vastgelegd" in een specifiek stadium van zijn ontwikkeling.

De psychoseksuele stadia van Freud: Hier volgt een kort overzicht van de vijf psychoseksuele stadia die Freud voorstelde.

<u>Orale Fase (Geboorte tot 1 jaar)</u>

In deze eerste fase van de persoonlijkheidsontwikkeling ligt de libido van de baby gecentreerd in de mond. De baby ervaart veel voldoening door allerlei dingen in de mond te stoppen om de libido te bevredigen.

In deze fase zijn de pleziertjes gericht op de mond, zoals zuigen, bijten en borstvoeding.

Freud stelde dat frustratie in deze bevrediging of overmatige orale stimulatie later in het leven tot een orale fixatie kan leiden.

Mensen met een "orale persoonlijkheid" kunnen bijvoorbeeld roken, nagelbijten of duimen. Deze gedragingen worden vaak vertoond tijdens stress. Uiteraard heeft niet iedereen met deze gewoontes een "orale persoonlijkheid." Freud werd zelf eens gevraagd of zijn gewoonte om sigaren te roken symbolisch was, waarop hij reageerde:

"Soms is een sigaar slechts een sigaar."
Sigmund Freud

De Anale Fase (1 tot 3 jaar)

Volgens Freud richt de libido zich in deze fase op de anus, en ervaart het kind plezier aan ontlasting.

(Hoewel dit wat vreemd kan klinken, beschouwt de psychoanalyse dit als een essentieel onderdeel van de psychoseksuele ontwikkeling.)

In deze fase wordt het kind zich ervan bewust dat het een zelfstandig individu is, en dat zijn of haar eigen verlangens kunnen botsen met de eisen van de buitenwereld (het Ego begint zich hier te ontwikkelen). Freud meende dat dit conflict vaak ontstaat tijdens het zindelijkheidstraining, waarbij volwassenen beperkingen opleggen over waar en wanneer het kind zich mag ontlasten.

De aard van dit eerste conflict met autoriteit kan de toekomstige relatie van het kind met alle vormen van gezag beïnvloeden. Vroege of strikte zindelijkheidstraining kan leiden tot wat Freud "anal-retentieve" persoonlijkheid noemde.

Mensen met een anal-retentieve persoonlijkheid houden niet van rommel, zijn obsessief georganiseerd, stipt, en respecteren gezag. Ze kunnen koppig zijn en rigide in hun omgang met geld en eigendommen. Dit is verbonden met het plezier dat ze als kind ervoeren door ontlasting in te houden. Wanneer de moeder het kind op het potje zet, ontstaat er een spanningsveld tussen vasthouden en loslaten.

Daarentegen ontstaat een "anal-expulsieve" persoonlijkheid wanneer het zindelijkheidstraining minder strikt wordt uitgevoerd. Anal-expulsieve volwassenen zijn doorgaans gul en willen graag delen.

Ze voelen zich prettig door niet alles vast te houden, maar juist te "delen" met de wereld. Wanneer deze gulheid doorschiet, kunnen anal-expulsieve individuen chaotisch, slordig en opstandig worden.

De Fallische Fase (3 tot 6 jaar)

In de fallische fase verplaatst de gevoeligheid zich naar de geslachtsorganen, en wordt masturbatie (bij beide geslachten) een nieuwe bron van plezier. Het kind wordt zich bewust van anatomische geslachtsverschillen, wat gevoelens van erotische aantrekkingskracht, jaloezie, rivaliteit en angst oproept. Freud noemde dit het **Oedipuscomplex** bij jongens en het **Electracomplex** bij meisjes.

Het Oedipuscomplex De fallische fase wordt voornamelijk gekenmerkt door het Oedipuscomplex, een van de meest controversiële ideeën van Freud en vaak verworpen door anderen. Het Oedipuscomplex houdt in dat een kind een intense aantrekkingskracht voelt voor de ouder van het andere geslacht.

Freud ontdekte dit complexe, onbewuste patroon van incestueuze verlangens bij zijn patiënten. Deze fantasieën omvatten zowel aantrekkingskracht op de ouder van het andere geslacht als jaloezie en woede jegens de ouder van hetzelfde geslacht. De naam is afkomstig van de Griekse mythe van prins Oedipus van Thebe, die onbewust een voorspelling vervulde dat hij zijn vader zou doden en met zijn moeder zou trouwen. Als baby werd hij door zijn vader op een heuvel achtergelaten om te sterven, maar hij werd gevonden en opgevoed door vreemdelingen.

Toen hij, onwetend van zijn afkomst, naar zijn geboorteland terugkeerde, voldeed hij aan de profetie: hij doodde de koning, bevrijdde het koninkrijk van een monster en trouwde vervolgens met de koningin zijn moeder.

Uit berouw voor de misdaad, ondanks het bewijs dat hij persoonlijk geen verantwoordelijkheid droeg, rukte hij zijn eigen ogen uit en zwierf opnieuw, blind en in ballingschap, over de wereld."

Bij de jongen ontstaat het Oedipuscomplex omdat hij seksuele (aangename) verlangens ontwikkelt richting zijn moeder.

Hij wil zijn moeder exclusief "bezitten".

Met bezitten bedoelen we: haar binnenlaten, met haar versmelten, één worden. Om dit te bereiken, wil hij (irrationeel) van zijn vader afkomen om zijn verlangen te vervullen. De jongen beseft dan (onbewust) dat als zijn vader dit zou ontdekken, hij zou afnemen wat hij het meest liefheeft.

Tijdens de fallische fase is wat de jongen het meest liefheeft, zijn penis. Daarom ontwikkelt de jongen castratieangst. De jongen besluit dit probleem op te lossen door het mannelijke gedrag van zijn vader na te bootsen, hem te kopiëren en deel te nemen aan zijn gedragingen. Dit heet identificatie, en zo lost de jongen van drie tot vijf jaar zijn Oedipuscomplex op. Identificatie betekent intern de waarden, houdingen en gedragingen van een ander aannemen.

Het gevolg hiervan is dat de jongen de mannelijke genderrol op zich neemt en een ego-ideaal en waarden ontwikkelt die het superego vormen.

Freud bracht het geval van "Little Hans" naar voren als bewijs voor het Oedipuscomplex.

Over het Electracomplex:

In het verleden werd de term "Electracomplex" door Carl Jung gebruikt om te verwijzen naar het vrouwelijke Oedipuscomplex.

Zoek op mijn Instagram **@renataramoslivros** de video die in werkelijkheid het Electracomplex laat zien. Deze dateert van 07/03/2022.

De post heet "Mijn wens voor de mensheid: Bewustzijn". " Kijk het kind is aan het huilen, zij zegt; Ik ga met papa trouwen, jij wilt mijn man stellen."

Of volg de link:
https://www.instagram.com/p/Ca0ZdLnAS_E/

Het Oedipuscomplex is de naam van het conflict dat bleef bestaan voor zowel jongens als meisjes en dat

analoog zou werken in relatie tot de ouder van hetzelfde geslacht van het meisje, oftewel haar moeder. Kort samengevat: het meisje verlangt naar haar vader, maar beseft dat zij geen penis heeft. Volgens deze theorie leidt dit tot de ontwikkeling van penisnijd en het verlangen om een jongen te zijn.

Het meisje lost dit op door haar verlangen naar haar vader te onderdrukken en haar verlangen naar een penis te vervangen door het verlangen naar een baby. Het meisje (onbewust) geeft haar moeder de schuld van haar "gecastreerde toestand", en dit creëert een grote spanning.

Het meisje onderdrukt vervolgens haar gevoelens (om de spanning weg te nemen) en identificeert zich met haar moeder om de vrouwelijke genderrol aan te nemen. Onthoud dat dit allemaal onbewust is.

Latente fase (6 jaar tot aan de puberteit)

Latent betekent "verborgen".

Dit houdt in dat er tijdens deze fase geen verdere psychoseksuele ontwikkeling plaatsvindt.

De libido is inactief. Freud dacht dat de meeste seksuele impulsen tijdens het latente stadium worden onderdrukt. De seksuele energie wordt dus gesublimeerd.

Wat betekent dat een groot deel van de energie van het kind wordt gekanaliseerd naar de ontwikkeling van nieuwe vaardigheden en de verwerving van nieuwe kennis. In deze fase spelen kinderen meestal met anderen van hetzelfde geslacht.

Genitale fase (puberteit tot volwassenheid)

Dit is de laatste fase van Freud's theorie van de psychoseksuele ontwikkeling.

Deze fase begint bij de puberteit. De genitale fase is een tijd van adolescent seksuele experimenten, waarvan de succesvolle uitkomst het aangaan van een liefdesrelatie met een ander persoon rond de leeftijd van twintig is. De seksuele drang is gericht op het verkrijgen van plezier door de ander, in plaats van eigen genot zoals in de fallische fase. Voor Freud was de juiste uitkomst van seksuele drang bij volwassenen het aangaan van liefdesrelaties. Fixatie en conflict kunnen dit verhinderen, met als gevolg seksuele afwijkingen.

Fixatie in de orale fase kan er bijvoorbeeld toe leiden dat iemand seksueel plezier haalt uit voornamelijk kussen en orale seks in plaats van geslachtsgemeenschap.

Conclusie over psychoseksuele ontwikkeling

Volgens Freud ontwikkelt onze persoonlijkheid zich tijdens de kindertijd en wordt deze gevormd door de vijf fasen, die hij de "Theorie van psychoseksuele ontwikkeling" noemde.

Tijdens elke fase wordt het kind geconfronteerd met een conflict tussen biologische impulsen en sociale verwachtingen. Als het kind, deze interne conflicten succesvol doorstaat, zal het elk stadium van ontwikkeling beheersen en uiteindelijk een volledig rijpe persoonlijkheid ontwikkelen.

Freud's ideeën werden in zijn tijd bekritiseerd, en dat is vandaag de dag niet anders.

Dit komt deels door zijn focus op seksualiteit als de belangrijkste drijfveer voor de ontwikkeling van de menselijke persoonlijkheid.

Terug naar ons gesprek...

Na deze geweldige les! (sorry voor het gebrek aan bescheidenheid, maar ik hou van psychologie) als je het niet hebt begrepen of vragen hebt, raad ik je aan om dit materiaal op het internet op te zoeken om het onderwerp verder uit te diepen. Onthoud, als ik het kan leren, kan jij dat ook!

Om verder te gaan, is het echt noodzakelijk om de bovenstaande psychologische concepten te begrijpen. Zoals je kunt zien, gebeurt er iets serieus, relevant en onmiskenbaar recht voor onze ogen. Vanaf het moment dat we geboren worden en opgroeien, zit er een dynamiek achter elke blik, elke stap, elke beweging, elk woord, elk gevoel... Gebrek aan aandacht en vooral aan begrip hiervan, het ontbreken van onderscheidingsvermogen, zal onzekere, psychotische, problematische, egoïstische, narcistische of

psychopathische mensen voortbrengen. En wij, we blijven kinderen krijgen alsof het een wandeling in het park is! (sorry, ik moet bepaalde krachtzinnen herhalen, maar ze zijn belangrijk)

De waanzin van de wereld, het egoïsme, de geestesziekten, enzovoort zijn allemaal reflecties van dit gebrek aan zorgvuldigheid en organisatie bij het besluit om een kind te krijgen. We denken dat het gewoon gaat om seks hebben, zwanger worden en een huis hebben, en dat alles dan goed komt. Dat is niet zo!

We moeten psychologisch steeds beter voorbereid zijn om de beslissing te nemen om kinderen te krijgen en op te voeden. Als dit niet mogelijk is, moeten we ons voortdurend voorbereiden. Het is mogelijk om meer betrokken te zijn bij het leren en je bekwamen voor deze taak. Anders zullen we dezelfde resultaten blijven zien als nu.

Zoals duidelijk werd, vooral tijdens de fallische fase (2 tot 6 jaar), is het in het Oedipuscomplex dat de zaken goed of slecht kunnen aflopen. In deze fase is het van het grootste belang dat de verzorgers goed zijn en precies weten wat het kind nodig heeft en wat het niet nodig heeft om zich optimaal te ontwikkelen. Het is belangrijk te begrijpen dat een kind in deze fase oplettende ouders nodig heeft.

Een jongen heeft huid-op-huid contact met zijn moeder nodig.

Maar als hij te sterk aan haar gehecht is, moet hij zich losmaken en de wet internaliseren via de vaderfiguur (het "Nee"), zelfs als de vaderfiguur de moeder is (bijvoorbeeld een alleenstaande moeder). "Je mag niet zo sterk aan mij gehecht zijn", "Ik hou van je, maar ik heb ook een eigen leven." Als de vader aanwezig is:

"Dat mag niet!

"Laten we andere dingen doen."

"Je moeder is de vrouw van papa." "Je mag niet in papa's bed slapen."

"De vader is degene die de navelstreng komt doorknippen en scheiden!

De wet!"

Een meisje heeft huid-op-huid contact met haar vader nodig en moet die liefde voelen.

Het contact tussen man en vrouw moet blijven bestaan zodat ze dit blijft verlangen, om later te begrijpen dat hij bij de moeder hoort. Natuurlijk zullen we dit niet op een volwassen manier tegen het kind zeggen.

Maar we kunnen manieren vinden om het haar uit te leggen op een manier en in een taal die ze op haar leeftijd begrijpt.

Belangrijke opmerking:

"Het beeld van vader en moeder dat zich vormt in het hoofd van een kind is onafhankelijk van de werkelijke personen.

De ouders zijn de verzorgers, en deze verzorgers vormen symbolisch de vader en moederfiguren in de psyché van het kind. Daarom kunnen de verzorgers grootouders, ooms, tantes of zelfs van hetzelfde geslacht zijn."

Een kind heeft liefde, aandacht en zorg nodig, maar deze moeten in balans zijn. Als een baby al kan zitten, hoeft hij niet de hele tijd vastgehouden te worden, maar als hij dat niet kan, heeft hij meer knuffels nodig! Als hij kan kruipen, hoeft hij niet gedragen te worden, en als hij dat nog niet kan, moet hij geleerd worden hoe dat moet. Als hij het niet op tijd leert, is het noodzakelijk om medisch advies in te winnen. Als een kind te veel gefocust is op één van de ouders, is het tijd om de ernst aan te tonen: "Dat mag niet." "Je mag niet verliefd worden op mama/papa."

Een tijdje geleden had mijn ex-partner een zoon van zes jaar. Dit kind werd voortdurend op de mond gekust door zijn vader en misschien ook door zijn moeder. Hij vond het ook leuk om vaak bij zijn vader te slapen. Toen ik merkte dat dit gedrag conflicten in de ontwikkeling van het kind kon veroorzaken, waarschuwde ik de vader voor deze gedragingen. Ik legde uit dat het kind misschien anderen op de mond zou willen kussen en zou denken dat dit normaal is op volwassen leeftijd, of dat hij "emotioneel

meer gehecht zou raken aan zijn vader." Ook legde ik uit dat op deze leeftijd bij de ouders slapen het gevoel van "ik ben een baby, ik heb constant bescherming nodig" kan ontwikkelen. Gelukkig luisterde mijn partner naar mij, hij het en paste hij het gedrag op tijd aan.

De moeder, in het bijzonder, heeft een zeer belangrijke taak in het vormen van een gezonde volwassene.

Ze moet een "levende moeder" zijn.

Iemand die zichzelf kent, zichzelf waardeert, haar eigen verwachtingen nakomt, met liefde voor het leven en een sterk ego (een sterk ego = het vermogen om je eigen behoeften te begrijpen en tegelijkertijd de grenzen die de samenleving oplegt aan te voelen).

Een "dode moeder", (*"het concept van de dode moeder" in de psychoanalyse, ontwikkeld door de Franse psychoanalyticus André Green"*), daarentegen, is emotioneel afwezig, depressief, egoïstisch, narcistisch, onzeker, en gebruikt haar kinderen of keert de ouder-kind rol om.

Zulke moeders vormen zonder twijfel problematische en disfunctionele volwassenen.

Dit alles is erg complex, dat weet ik, zeker in de drukte van alledag, het streven naar succes, het oplossen van problemen, geld verdienen...

De kinderen worden dan secundair, en opnieuw wordt alles verkeerd gedaan.

We kunnen amper voor onszelf zorgen! De meesten van ons vechten elke dag voor dingen, werk, succes, vrienden, partners, geld, aandacht, en om onze tekortkomingen op te lossen... Het is al een chaos op zich. Wat doen we om alles te kalmeren?

We krijgen zonder enig criterium kinderen, en alles wordt nog gecompliceerder.

We krijgen kinderen zonder enige geschiktheid voor de taak. Een relatie-expert zei ooit: "Iemand heeft een vriend(in), ze hebben allerlei problemen, ze vechten voortdurend, respecteren elkaar niet, leven in een sfeer van liefde en oorlog. Soms willen ze doorgaan, maar ze weten dat ze niet bij elkaar passen.

Dus, wat doen ze om het op te lossen? Gok eens? Ze trouwen! Met documenten en in bruidsjurk en sluier!

Zou het niet verstandiger en rationeler zijn om even uit elkaar te gaan, therapie te volgen, zichzelf te leren kennen, de menselijke psychologie te bestuderen, hun tekortkomingen te begrijpen en te ontdekken waarom ze zoveel vechten? Na die periode kunnen ze dan praten en het opnieuw proberen, voordat ze trouwen? Het huwelijk zal echter de ruzies niet verbeteren! Een kind krijgen met iemand die niet eens zijn eigen leven op orde kan krijgen, zal dat ook niet doen! Wat ontbreekt is criterium bij het kiezen van de juiste persoon, bewustzijn, zelfkennis, een moment van reflectie om eerst je interne conflicten op te lossen.

Wat ontbreekt is bewustzijn! Er is bewustzijn nodig dat ons lichaam een tempel is, dat we hier zijn om onszelf te verbeteren, dat we geen slachtoffers zijn, want iedereen is verantwoordelijk en moet zich bewust zijn van het feit dat er anderen zijn, duizenden in dezelfde positie.

We moeten beseffen dat het leven een voortdurende taak is van verbetering, dat erbuiten onszelf andere mensen zijn, en dat we hen moeten zien en ons best moeten doen om aan ieders behoeften te voldoen, niet alleen aan die van onszelf. Een sterk ego dat de realiteit ziet, dat anderen erkent als een maatstaf voor zelfontwikkeling, dat in staat is anderen te zien en beslissingen neemt die iedereen ten goede komen-alleen op die manier kunnen we sublieme resultaten behalen.

Conclusie:

Laten we bewust kinderen krijgen! Elon Musk en veel grote bedrijven maken zich zorgen over de toekomst van de wereldeconomieën, die in de problemen zullen komen door een tekort aan werknemers als gevolg van de lage geboortecijfers.

Dus laten we kinderen krijgen om deze wereld te bevolken, maar laten we eerst een minimum aan bewustzijn ontwikkelen.

Laten we eerst de psychologische concepten begrijpen, met name het Oedipuscomplex. Laten we beginnen met te analyseren in welke tempel we ons verenigen met de onze. We moeten emotioneel stabiel worden, streven naar een sterk ego, weten wat onze tekortkomingen en zwakheden zijn, en welke aandacht en zorg we nodig hebben voordat we een kind krijgen.

Het is noodzakelijk om onze emotionele, financiële, en fysieke capaciteiten te evalueren en in gedachten te houden dat kinderen krijgen een verantwoordelijkheid is, en de wereld verwacht dat dit goed gebeurt.

Hoofdstuk 3
De Zoon

De zoon heeft serieuze aanpassingen nodig!

In de vroege stadia van het menselijk leven en de eerste tekenen van samenlevingen, weten we dat het patriarchaat is ontwikkeld vanuit de logica dat het lichaam van een man sterker is om te jagen, terwijl dat van een vrouw beter is in het verzorgen van kinderen en het verzamelen van vruchten... De man ging jagen en daar ontstond het idee dat hij meer macht had vanwege zijn kracht, het brengen van voedsel, het doden van grote dieren, het kunnen oversteken van oceanen, het weerstaan van oorlogen, enzovoort.

Patriarchaat is een sociaal systeem.

Waarin mannen de verantwoordelijkheid hebben, door middel van primaire macht en leiderschapsrollen, de morele autoriteit, sociaal privilege en controle over eigendommen. In het domein van het gezin houdt de vader de autoriteit en verantwoordelijkheid over de vrouwen en kinderen.

Historisch gezien...

Heeft het patriarchaat zich gemanifesteerd in de sociale, juridische, politieke en economische organisatie van verschillende culturen.

Een voorbeeld van de definitie van patriarchaat door Sylvia Walby is "een systeem van onderling verbonden

sociale structuren dat mannen in staat stelt om vrouwen te exploiteren." Volgens April A. Gordon, stelt de definitie van Walby, de variabiliteit en de veranderingen in de rol van vrouwen en de prioriteiten in verschillende patriarchale systemen vast.

Het erkent ook dat de geïnstitutionaliseerde ondergeschiktheid en de exploitatie van vrouwen door mannen, die de kern van het patriarchaat vormen, vele vormen kan aannemen.

*Bron: Wikipedia

Link naar de volledige tekst:

https://nl.wikipedia.org/wiki/Patriarchaat_(sociologie).

Er is een visie, gevoel en zekerheid ontstaan dat dit mannelijke wezen meer macht had dan het vrouwelijke wezen...

De tijd is voorbijgegaan en we zien nog steeds de resten hiervan. Kijk gewoon om je heen en je zult zien dat mannen nog steeds meer verdienen dan vrouwen (in hetzelfde beroep), dat ze worden vereerd als machtig omdat ze in hun eigen onderhoud en dat van het gezin kunnen voorzien (elke dag een leeuw doden) of omdat ze hoge posities bereiken zoals president, directeur van bedrijven, of aan de top van de piramide staan. De laatste tijd zien we de vrouwenbeweging aan kracht winnen, maar als we even de tijd nemen om na te denken, zullen we voelen dat die dag van gelijkheid nog niet is aangebroken; die is nog ver weg, want we zijn nog steeds in transitie. De man, het mannelijke subject, heeft veel gedaan met zijn fysieke en mentale kracht. Als we er even over nadenken (nogmaals), hoeveel straten zijn er aangelegd door mannen, hoeveel bruggen, hoeveel berekeningen, hoeveel techniek is er gebruikt om voorwerpen voor ons gebruik te creëren, en vele ontdekkingen en vooruitgangen.

Laten we eerlijk zijn!

De mannen hebben veel gedaan en verdient zo'n positie als "Hercules". We hebben veel te danken aan de man en zijn mannelijkheid.

Maar, hij kwam alleen zo ver omdat er "anderen" waren, zoals familie, mensen, naast een vrouw, die hem toejuichten naast zichzelf. Hij heeft al dit werk gedaan en werd zeer goed beloond met geld, idolatrie (ook van andere mannen) en koninkrijken!

Dit werkte tot enige tijd geleden, toen mensen geen toegang hadden tot grootschalige informatie. De tijden zijn veranderd, de vrouw was het zat om thuis te blijven voor de kinderen te zorgen, en te wachten tot het geld alleen haar handen bereikte wanneer de man dat kon of wilde. Ze was het zat om alles te doen voor de kinderen en het huis, en besloot de rekening opnieuw te maken, want die was niet eerlijk.

Vaak betaalde de vrouw een veel hogere prijs door thuis te blijven bij de kinderen, naast dat ze moest verdragen dat dat model, waarin de man jaagt en zij thuisblijft, de (grote) man toestond om en minnares te hebben, extra genoegens te genieten, over het geld te beschikken en veel beslissingen te nemen zonder de vrouw te raadplegen.

Tegenwoordig werkt de westerse vrouw, heeft haar eigen geld terwijl ze voor het huis zorgt en strijdt voor haar plek, voor het belang van haar plek.

De waarde wordt nu verdeeld en niet langer is alleen de man degene die beslist, beveelt, verdient en doet. De vrouwelijke waarde, het vermogen om te regelen en te beheren, toont een kant die tot voor kort alleen bekend was in de mannenwereld. Vandaag zien we meer vrouwelijke politieagenten, artsen, ingenieurs, bouwvakkers, astronauten, piloten, vrachtwagenchauffeurs…

We zien dat, wanneer een vrouw dat wil, het mogelijk is dat ze gespierd wordt, lampen verwisselt, problemen oplost en in staat is alles te doen wat een man kan, zolang ze besluit zich voor de functie te kwalificeren.

Deze koerswijziging heeft, denk ik, deze mannen verward achtergelaten, alsof ze hun plek niet meer kennen, noch weten wat te doen.

Misschien weet zelfs de vrouw niet precies wat te doen met deze man die geen richting meer heeft, want tot zeer kortgeleden hoefde hij alleen maar sterk te zijn, op jacht te gaan en groots te zijn. Bij de opvoeding van een "jongen" hoefde hij niets extra's te leren behalve: huil niet, wees sterk, ga jagen en wees trots op het feit dat je man bent.

In het verleden werden vrouwen beschouwd als wezens zonder verstand, niet in staat om te denken, en alleen nuttig vanwege hun schoonheid en hun vermogen om kinderen in hun buik te dragen. Vandaag de dag hebben we informatie over wat het is om een kind te krijgen, wat het is om een baby in de buik te dragen, al het werk dat gedaan moet worden, en wat de wereld zal worden, gebaseerd op wie dat kind zal worden.

We kunnen zien dat de verantwoordelijkheid van een vrouw en haar eigenschappen, die vroeger ondergewaardeerd waren, nu een nieuwe en krachtige vorm aannemen.

Het is precies wat deze moeder doorgeeft dat dit kind zal vormen tot een man die de wereld verbetert.

Deze nieuwe vorm heeft de rollen veranderd; nu zorgt de man ook voor kinderen, is liefdevol, kan affectie tonen, doet de afwas, kookt, zorgt meer voor zijn uiterlijk, draagt kleding met "vrouwelijke kleuren", kan zeggen dat hij gevoelens heeft en hij kan huilen. Hij kan zeggen dat hij ziek is, dat hij zich eenzaam voelt of bang is en zich oprechter uiten. Het lijkt perfect, maar wat we in de praktijk zien, is iets verwarrends en nog steeds erg problematisch. De hedendaagse man, ook al neemt hij deze maatregelen om gelijkwaardiger te worden en de kroon met de vrouw te delen, lijdt nog steeds op talloze vlakken.

Laten we enkele voorbeelden bekijken volgens mijn ervaring en de verhalen van andere vrouwen.

Ze blijven:

>> zichzelf boven de vrouwen plaatsen en zich daarboven wanen;

>> geïdoleerd willen worden (onzekerheid);

>> overmatig macht willen behouden;

\>\> geen kennis van, of geen interesse in huishoudelijke taken tonen (vooral als het en vrouwelijke aanrakingen vereist);

\>\> onzeker blijven;

\>\> de schijn van kracht moeten ophouden;

\>\> extreem concurreren, zonder enige remming of overweging, concurreren ze opzettelijk en overmatig met andere mannen en met vrouwen.

Voordat je je ongemakkelijk voelt, mannelijke lezer in het bijzonder, overweeg en bedenk dat je een open gesprek met jezelf hebt. En in dit gesprek, moet je misschien een beetje worden geconfronteerd, wat pijnlijk kan zijn, maar je zal laten groeien!

Er is geen onwaarheid in de bovengenoemde punten, laten we eerlijk zijn! De man werd en wordt nog steeds opgevoed om dit te zijn. In de psychologie is dit idee goed ingeburgerd wanneer we het Oedipuscomplex bestuderen, wat niet meer is dan de illusie van kinderen dat mensen met een fallus iets extra's hebben om de wereld te bieden. *(De fallus is de symbolische psychische interpretatie van de penis.)

Ouders en de maatschappij versterken dit idee, wanneer het kind tussen 3 en 6 jaar oud dit verbeeldt, en met de hulp van dit sociale apparaat vormt zich in ons allen het idee dat de persoon met de fallus beter is dan degene zonder.

Dit proces, volgens de psychologie, moet plaatsvinden. Zodat het kind zich kan ontwikkelen en de eigenschappen van vader en moeder kan opnemen om zijn (morele en seksuele) identiteit te vormen. Het verspreiden van dit idee echter, in alle richtingen, is hetzelfde als het creëren van een samenleving die het individu van de man beschermt verheerlijkt en naar niveaus verheft die deze structuur in stand houden en als resultaat een zeer egoïstische en zieke wereld creëren. We weten dat wij mensen, vrouw en man, verschillende capaciteiten hebben en dat de een heeft wat de ander nodig heeft, oftewel, er ontbreekt niets bij de een

of de ander. (Denk voor nu even aan de lichaamsvormen en voortplanting, want we zijn veel meer dan lichamen).

Als kind vormt het brein zich zonder de mogelijkheid om zo'n informatie te begrijpen, die duidelijk gevormd wordt door waarnemingen van de wereld om zich heen. We kunnen een kind van 3 tot 6 jaar oud niet vertellen dat de penis past bij de vagina en dat de een heeft wat de ander nodig heeft, omdat het kind geen psychisch vermogen heeft om zulke dingen te begrijpen. Het creëert uit zichzelf deze fantasie dat de man iets extra's heeft, of, in het geval van meisjes, dat er iets ontbreekt of dat iets is afgenomen.

Dit idee van beter, hoger zijn leidt onvermijdelijk tot het resultaat dat we op dit moment zien.

De onwetendheid is zo enorm dat we het erfgoed van onze ouders steeds herhalen. Degenen die met deze waarden worden grootgebracht, zullen dat voortzetten met hun kinderen en de kinderen van hun kinderen... Geen van ons ontsnapt aan het Oedipuscomplex.

Deze fantasie, noodzakelijk en inherent aan onze ontwikkeling, zal hoe dan ook komen. Wat moeten wij ouders dan doen?

Nou, ik ben geen psycholoog, ik ben een student van de psychoanalyse, die probeert alles te begrijpen. Maar ik geloof dat niemand beter is dan de ander.

Iedereen heeft unieke capaciteiten.

Wij zijn unieke wezens.

Het feit dat sommigen bepaalde dingen meer kunnen bereiken dan anderen betekent niet dat de een honderd procent beter is dan de ander.

Het kan in 99% van de aspecten zijn, maar nooit in 100%. Ik kan de beste discuswerper ter wereld zijn en tegelijkertijd een psychopaat! Er is een bijdrage aan de menselijke ontwikkeling. Zelfs in de meest domme, de meest psychopathische. De meest sadistische of de meest machiavellistische wezens... Zelfs als het iets is, dat de meerderheid verafschuwt, draagt het wezen, iets bij zich en zijn ervaring om anderen te beïnvloeden en ontwikkeling te bevorderen.

Zonder fouten zijn er geen successen, zonder gebrek is er geen overvloed. Ontwikkeling, succes, komt na ontelbare mislukkingen. We zouden kunnen denken dat, als we de fouten, de verkeerde mensen, de waanzin, het probleem nodig hebben om het goed te doen, waarom dan het gezin herstellen? Nou, als we het herstellen, hebben we niets meer te doen, toch?

Fout! We kunnen evolueren naar een nieuw niveau! Naar een hoger niveau waar de problemen anders zullen zijn.

Stel je een wereld voor waarin iedereen samenwerkt, iedereen samenwerkt, iedereen wint! De problemen in zo'n wereld zouden meer zijn zoals: Hoe kunnen we iedereen tevredenstellen? Hoe zorgen we ervoor dat iedereen beschermd is? Hoe zorgen we ervoor dat iedereen voedsel heeft?

Wat kunnen we doen om ervoor te zorgen dat iedereen een waardig leven heeft?

Het lijkt een beetje op een links discours, maar deze essentie van links is waardevol! "John Nash" (beroemde wiskundige, Nobelprijswinnaar, bedenker van het wiskundige model "Nash-evenwicht", en inspiratie voor de film "A Beautiful Mind") bewees dat samenwerking betere resultaten opleverde dan competitie.

Dit lijkt een utopie, maar misschien is het precies de gedachten die gevolgd zou moeten worden en als levensproject zou moeten worden omgezet. Alleen zo zal de wereld een gezonde plek zijn. Ik geloof dat we als ouders alert moeten zijn op het Oedipuscomplex als de wet die het kind moet leren over goed en fout (eerst weten wat goed en fout is).

We moeten de jongen leren dat hij fysiek sterk is, dat hij GPS-vermogen heeft, het vermogen om te beschermen, dingen te leren waar mannen van houden, enz. Maar nooit die leugen in hem inprenten dat de man boven de anderen staat of onverslaanbaar is. Omdat hij later geconfronteerd zal worden in de wereld van volwassenen en te maken zal krijgen met talloze situaties.

Waarin hij helemaal niet datgene is en dat veel negatieve dingen hem overkomen juist door die misleidende, bijna criminele overtuiging dat hij superieur is!

"Veel moeders voeden hun zonen op met seksistische opvattingen zonder zich daar zelfs van bewust te zijn"

Laura Freignham – Schrijfster.

Het geldt niet voor iedereen!

Inderdaad! Maar voor velen wel. Duizenden, zo niet honderdduizenden, is nooit geleerd dat ze man kunnen zijn, hun identiteit kunnen aannemen, zonder constant te hoeven bewijzen dat ze beter zijn dan andere mannen.

Of beter dan de vrouw. Naar mijn mening hoeft hij alleen uniek te zijn. Natuurlijk moeten we rekening houden met het biologische aspect van de man die in zijn lichaam de essentie van competitie draagt, dat wil zeggen, het onderbewuste idee van duizenden zaadcellen die een race rennen om te winnen. In deze analogie moet hij zichzelf zien als degene die, door zich te verenigen met de eicel, de juiste sleutel heeft.

Stel je voor, degene die bevrucht is degene die wordt beoordeeld op zijn inhoud, dat wil zeggen, of hij de beste is voor die eicel. Serieuze onderzoeken hebben aangetoond dat, op weg naar de eicel, de ongezonde zaadcellen (met DNA-schade) worden geëlimineerd door de verschillende vloeistoffen en de fasen die ze moeten doorlopen om hun bestemming, de eicel, te bereiken.

➢ Lees het artikel: **"The egg decides which sperm fertilizes it"** waarin wordt uitgelegd hoe het ei het sperma kiest (in Engelse taal).

Volg de link:
https://www.news-medical.net/news/20200611/The-egg-decides-which-sperm-fertilizes-it.aspx

➤ Kijk naar de visuele animatie over menselijke bevruchting om te zien hoe de vloeistoffen van de vrouw zaadcellen vernietigen; "Woman immune system attacks the sperms" op Instagram: @explaining.biomedical.

Volg de link:

https://www.instagram.com/p/C9DBbBnKmWv/

De meeste mannen hebben geleerd, of op televisie gezien, of ergens anders, dat ze groots moeten zijn en dat ze niet openlijk bloemen en rozen op hun pad hoeven te hebben als ze passeren.

Het zijn stille, verborgen situaties die subtiel het hoofd van het wezen binnendringen en hem het idee geven dat hij groot moet zijn. Ouders planten dit in (of ze nu alles hiervan weten of niet), de school plant dit in, de tv en alles om ons heen.

Alsof het Oedipuscomplex en zijn rol in ons leven nog niet genoeg zijn, hebben we alles om ons heen dat deze gedachte ondersteunt en de patriarchale wereld creëert waarin we leven.

De moeder, wanneer zij geen goede moeder is (het concept van een goede moeder in de psychoanalyse is de moeder die weet wanneer ze moet geven, wanneer ze moet wegnemen van het kind en wat ze moet bieden voor de ontwikkeling- volgens Donald Winnicott), verheerlijkt dit kind wanneer zij hem geen taken geeft om te doen, hem niet leert, bijvoorbeeld, dat afwassen iets is voor zowel mannen als vrouwen, omdat schoonmaken voor iedereen is!

Ze idoliseert hem wanneer ze alles doet wat hij wil en niet afweegt wat hij nodig heeft.

Vaak heeft een kind niet zoveel liefde, bescherming en overdreven zorg nodig; "dit is een fout die lijkt op een goedbedoelde actie".

We moeten geliefd zijn, maar we hoeven niet te veel geliefd te zijn. Wanneer we dit doen met onze kinderen, doen we het omdat we onze eigen tekortkomingen aanvullen. Normaal gesproken kan dat "te veel liefhebben", "te

veel beschermen" een persoonlijkheid verhullen die het kind niet echt liefheeft, en om dat gebrek aan liefde te maskeren, toont het overdreven liefde om zich beter te voelen met het innerlijke conflict. Zo draagt het bij aan een slechte kwaliteit van opvoeding voor dit wezen, dat in de toekomst zichzelf als te speciaal zal beschouwen. Als hij echt zo belangrijk was, zouden we weten dat "te veel liefde" een egocentrisch persoon zal creëren in de toekomst, die denkt dat hij veel liefde verdient en niets meer, alsof de wereld hem zou aanbidden.

Een roze wereld waar het woord nee niet bestaat!

Als we verwachten geliefd te zijn, en zeker, zullen we dat in de wereld zoeken als het in ons gezin zo was, zullen we gefrustreerd zijn, want er zijn mensen die van ons houden en anderen die dat niet doen.

We moeten daarmee leren omgaan!

Een kind moet situaties horen en ervaren om die kant te ontwikkelen van "ik heb niets extra's, ik heb iets dat past waar het hoort te passen".

De perfecte pasvorm en niets meer! Wanneer dit constant wordt herhaald, zal het kind gaan beseffen dat het een menselijk wezen is, net als het andere type (de vrouw), anders en niet beter, ander lichaam, dezelfde functies, verschillende voortplantingsfuncties, maar niet beter!

Het is allemaal heel complex. Het aanpassen van deze basisstructuur beïnvloedt andere structuren die op dit model zijn gebouwd. Bijvoorbeeld het kapitalisme, waarin enkelen meer hebben, meer verdienen, meer hebben gedaan en daardoor "meer verdienen".

Een ander voorbeeld zijn de competities wereldwijd voor prijzen, medailles en prestaties, "ik ben de beste hardloper, ik ben de beste speler, ik ben de beste ambtenaar, de beste president... "Het leven draait om dit: beter zijn dan de ander, meer doen, meer hebben, meer verdienen.

Het lijkt een bodemloze put waarin nooit wordt bereikt wat voldoende is. Ik hoef geen race te winnen, ik moet er 8 winnen, want de laatste winnaar won er 7.

De lol zit meer in het inhalen van de ander dan in het goed doen van een taak, een illusie, want als we nadenken over de keuze van de zaadcel en strikt de menselijke biologie volgen, is degene die bevrucht de gezondste en niet alleen degene die het snelst rent.

Zeker, degene die gezond is, bereikt betere resultaten, rent meer dan de anderen, maar de strijd is niet voor de eerste plaats, het gaat om gezond zijn en de eigenschappen hebben die bij de eicel passen. Zou het niet interessant zijn als competities, in plaats van "ik doe meer dan de ander", gebaseerd waren op "wat ik alleen doe"?

Stel je een competitie voor waarin creativiteit de norm was.

Je wint niet door de ander te overtreffen, maar door je originaliteit.

Perfect!

De competitie zal doorgaan.

Maar er moet rekening worden gehouden met de creatie, het gevoel, het innerlijke ik. Is dat wat het betekent om man te zijn? Is dat de zogenaamde glorie? Ik weet het niet, beste lezer, maar ik zou me veel meer tevreden en gerustgesteld voelen als de wereld een veilige plek was, als mensen geen honger hadden.

Als ik er zeker van was dat iedereen toegang had tot een arts, een huis, licht, kleding, een waardig leven, want een minder problematische buurt beïnvloedt mij en bezorgt me minder problemen.

Dat noem ik gezonde egoïsme!

Dit model van mannelijk opvoeden heeft alles te maken met dit eindeloze streven naar competitie, net als het kapitalisme, net als de competities.

Net als, het probleem, waarmee we momenteel worden geconfronteerd met mannen die zich kinderlijk gedragen.

Die geen kleding kunnen opvouwen, de huishoudelijke taken niet goed kunnen verdelen, zoals netjes schoonmaken

, niet in staat zijn om een huis schoon te maken zoals een vrouw dat doet... Ze hebben niet dezelfde liefde voor het huis als vrouwen.

De moeder leert niet van het huis te houden, alleen zij houdt van het huis, "je moet voor je eigen spullen zorgen, maar ook voor onze spullen", deze mannen zijn opgevoed zonder taken, zonder respect voor de ruimte van de vrouw, zonder haar waarde als mens in overweging te nemen, zonder voor zichzelf te zorgen en onafhankelijk te zijn.

Er is een omkering van waarden om glorieus te zijn (en als dat niet gezond genoeg is) verlaagde hij de waarde van de vrouw (de eicel) om zich goed te voelen en minder te werken. Dit is wat ik een mislukte zaadcel noem. Het idee dat op elke manier boven de ander uitstijgen, zelfs zonder goed werk te hebben verricht dat hem geschikt maakt om de eicel binnen te gaan. Laten we enkele voorbeelden van klachten bekijken die ik vaak hoor van vriendinnen, familieleden, kennissen en van mezelf... Ongetwijfeld zul je je in een van deze herkennen.

En wat betreft het huishouden...

Ze weten niet hoe ze met zorg een huis moeten onderhouden. "De moeder leert het niet." Laten we positief zijn, laten we zeggen dat een groot deel al bereid is om in huis te helpen... Ze zijn bereid iets te doen dat niet slapen, tv kijken, eten is... koken, bijvoorbeeld, ze koken en maken zelfs lekkere dingen, maar als ze geen rommel maken en de keuken vies achterlaten, plaatsen ze de spullen op de verkeerde plaatsen.

Ze kunnen dingen niet vinden in de koelkast, als ze een bestek moeten opbergen, plaatsen ze bijvoorbeeld vorken op de plaats van messen en lepels op de plaats van pollepels.

Ze hebben deze lade 1359 keer geopend en toch hebben ze de plaats van de dingen niet onthouden. (We hebben het over de meerderheid).

De moeder leert het niet...

Wanneer ze het huis gaan schoonmaken, letten ze niet op details zoals spinnenwebben, bijvoorbeeld; stofdeeltjes of kleine etensresten kunnen onopgemerkt blijven, maar ze kunnen wel tegen de vrouw zeggen:

"Kijk, er zit een spin in de hoek van het plafond."

Ze hebben geen kritisch oog voor schoonmaak en organisatie; met een doek vol vet van de keuken over de tafel vegen is prima in hun ogen...

"De moeder leert het niet..."

"Niet met die doek, met deze." Wanneer ze op de bank gaan zitten en daarna weggaan, kunnen ze de kussens niet op een georganiseerde en harmonieuze manier terugleggen. Ze vragen er niet naar en maken zich er geen zorgen over. "De moeder leert het niet..." "Hé, jochie! Je hebt net Tv. gekeken, lekker op de bank gelegen? Hmm! Je gaat weg, maar je vergeet de kussens weer netjes te leggen zoals ze mooi stonden." Herhalen, herhalen, herhalen... *ad infinitum.* Ik vraag me af of deze houding een vrouwelijke houding is?

Mannen laten doorschemeren dat dit vrouwelijke houdingen zijn, en daarom doen ze het niet, alsof kleding vouwen iets is voor vrouwen... alsof hun handen en hersenen verlamd zijn en het niet belangrijk is om het huis georganiseerd te hebben. Ooit hoorde ik een nicht zeggen: "Ach, maar ze letten daar niet op, het maakt hen niet uit of het huis rommelig is, wij vrouwen willen dat!"

Ik vraag me af: is dat zo? Of willen ze gewoon niet meedoen aan de taak die organisatie met zich meebrengt?

Ik geloof dat ze willen ontsnappen aan deze taak en blijven zeggen dat ze het niet doen omdat ze mannen zijn. Als je hen vraagt om iets te doen, begrijpen ze iets anders; bijna alsof je het voor ze moet tekenen om het duidelijk te maken. Als ze gaan douchen en er is geen deur (douchewand), maken ze de hele badkamer nat en laten het water daar liggen. Voor wie moet het gedweild worden?

In koude landen... Als er wel een douchewand is en een kleine trekker om het glas droog te maken, gebruiken ze

die niet, ze laten het en dat water zal uiteindelijk moeilijk te verwijderen kalkvlekken creëren.

En ik vraag me af: voor wie moet het drogen? "De moeder leert het niet."

"Klaar met douchen, jochie? Hmm, tijd om te drogen! Pak deze kleine trekker en droog het water zo, oh, en de natte vloer, pak deze doek hier en droog zo... en die wastafel, droog die en laat hem er zo uitzien..."(Denk aan de ander die de badkamer gaat gebruiken en er niets aan kan doen dat jij gedoucht hebt en het niet droog hebt achtergelaten).

De kleding...

Er zijn veel mannen die van netjes gestreken kleding houden, zonder kreukels, maar er zijn er ook veel die er niet om geven.

Ik bedoel, iedereen geeft de voorkeur aan nette, gestreken kleding, maar veel mensen geven er niet om en laten dat aan de vrouw over. Van een georganiseerde kledingkast houden en strakke kleding is een manier om zo te zijn, om de dag georganiseerd te beginnen.

Deze taak is echter al jaren aan de vrouw overgelaten, en nu ze werkt en geld in het huishouden brengt, is het niet meer dan eerlijk dat hij voor zijn eigen kleding zorgt. Ik kan als vrouw zeggen dat dit heel welkom is, vooral als deze nieuwe man het met zorg doet zoals zij doet! Het wordt hoog tijd om naar een YouTube-video te kijken en te leren om je eigen kleding te vouwen en te strijken en onafhankelijker te zijn, of, als het nodig is, herinner jezelf aan de coronatijd of aan het geval waarin een vrouw werkt en de man thuisblijft.

Ondergoed...

Laten we het hebben over iets waar we ons voor schamen of terughoudend over zijn, maar helaas, we moeten het bespreken; anders blijven we het overal in de wereld zien. Er zijn schone en georganiseerde mannen.
Er zijn er echter ook duizenden die dat niet zijn! Ze hebben nooit geleerd om zich goed schoon te maken. Moeders die,

net als in andere aspecten, meegingen in de patriarchale "*flow*" en doorgingen zonder hun zonen te leren hoe ze hun intieme delen goed schoonmaken. Ik heb van verschillende vrouwen gehoord over een niet al te schoon ondergoed van de "overtreder", zeg ik. De persoon denkt dat hij zijn intieme delen heeft schoongemaakt, maar heeft dat niet volledig gedaan. Dit kan incidenteel voorkomen met ons allemaal in tijden van haast, stress... maar het mag geen gewoonte worden! Bovendien is het ongeschikt om je geen zorgen te maken over de juiste hygiëne van deze lichaamsdelen.

Wat gezondheid problemen, kan veroorzaken voor zichzelf en anderen.

Denk aan het aantal infecties dat zelfs partners treffen door bacteriën die worden overgedragen door gebrekkige reinheid. Er ontbreekt een stukje perfectie dat aanwezig zou moeten zijn in deze taak en een oog voor "de ander"!

Het gebrek aan gevoel voor juiste kleding...

Niet iedereen heeft een goed gevoel voor kleding, er is geen regel.

Mensen kiezen hoe ze zich kleden. Op dit gebied gaat het erom niet te verwachten dat iemand je vertelt welke kleding bij welke andere past of wat je moet dragen, en dat geldt ook voor vrouwen.

Normaal gesproken, wanneer de vrouw zijn kleding kiest, zie je mannen die zich geweldig voelen omdat ze charmant zijn en er zeker van zijn, omdat haar smaakgoed is, omdat ze hem als man heeft gekozen (hij denkt dat hij een soort god is), en als zij zegt dat de kleding goed is, dan ziet hij er mooi uit. De onzekerheid van iemand als hij is zo duidelijk. Hij voelt zich machtig en begint over straat te lopen alsof hij iemand heel belangrijks is (misschien zouden we moeten bidden om te zien of dit verandert); hij zal waarschijnlijk blikken aantrekken en gezien willen worden om zijn zwakke ego te versterken.

Dom is de vrouw die de kleding uitkiest en organiseert voor zo'n man met een fragiel karakter. Het is duidelijk dat

het niet iedereen betreft, maar het zijn er velen. Natuurlijk, als hij een alleenstaande man is en blikken wil aantrekken, is daar niets mis mee, of als hij echt geen tijd heeft, of als hij getrouwd is en haar mening vraagt, maar als hij een serieuze relatie heeft en zijn kleding "constant" door de vrouw wordt gekozen en hij zich zo gedraagt, dan moet dit worden aangepakt.

Wanneer een man zeker van zichzelf is en dit karakter niet heeft, zorgt hij zelf voor dit deel van zijn leven, kleedt hij zich volgens zijn eigen stijl, organiseert hij zijn eigen kleding en heeft hij geen moederlijke zorg nodig. Ik geloof dat we ons moeten kleden voor onszelf, ons goed voelen in onze kleding en het beeld overbrengen dat we aan de wereld willen laten zien.

We worden gezien op basis van onze daden; een stof kan je karakter maskeren, maar je houding niet! Onze houding bepaalt hoe we gezien worden. We kunnen al het geld ter wereld en de beste kleding hebben, maar als we geen sterk en gezond karakter hebben, zal de kleding dat niet veranderen.

Daarom moeten mannen dragen wat ze willen op basis van het beeld dat ze willen uitstralen, maar leren om dat beeld zelf te maken en te laten zien, zonder de hulp van moeders, ik bedoel, vrouwen. Ze kocht de kleren, liet hem nooit kiezen als kind, hij groeide op met die behoefte. Zij stimuleert het kinderachtige gedrag van de volwassene telkens als ze dit doet. Hier heeft de vrouw, de moeder, een fundamentele rol: het kind, de jongen, leren zijn eigen kleding te kiezen vanaf jonge leeftijd, te vouwen en voor deze dingen te zorgen. We zullen degenen die rijk zijn en personeel hebben om dit werk te doen, buiten beschouwing laten.

De meeste van ons hebben geen (personeel), laat staan een "personal stylist", en toch geloof ik dat iedereen dit zou moeten leren, want zelfs iemand die rijk is, is op dit gebied leeg als een ander voor hem of haar kiest. Het gaat niet om geld hebben om het voor ons te laten doen, het gaat om

onafhankelijk zijn. Een man kan en moet man zijn, met zijn eigenheid, zoals van auto's houden, races, competitie, maar op een gezonde manier die het wezen verheft en daarmee de mensheid.

Een man kan sterk zijn en toch weten hoe hij kleding moet vouwen; dit neemt niets weg van zijn kracht, integendeel, het vergroot zijn capaciteiten. Een man kan subliem zijn zonder dat anderen onder hem staan. Enige tijd geleden hoorde ik dat in het verleden, op een bepaalde plek, mannen vochten en niemand prijzen kreeg; het gevecht was bedoeld om het wezen te versterken en hem beter te maken, en degene die verloor moest meer leren, en dat is belangrijk.

De verliezer krijgt een nieuwe kans. Wat we vandaag zien is een competitie waarbij men alleen wordt bejubeld als men boven een ander uitstijgt, de vreugde van de een rust op de traan van de ander. Maar wanneer men altijd wint, is de uitdaging voorbij en wordt men geconfronteerd met zijn eigen limiet tot de volgende winnaar komt. Het is logisch een illusie om de tijd te vullen en deze eindeloze zoektocht naar erkenning te bevredigen. Een zwak ego, bijna uitgehongerd! Een wanhopige zoektocht, een ego dat moet worden opgeblazen om rustig te worden.

Naar mijn mening zou competitie moeten bestaan om te evolueren, om nieuwe niveaus te bereiken, niet om anderen te verkleinen, en precies zo evolueren competities, waarbij mensen hongerig worden om beter te zijn, maar niet alleen beter, maar beter dan anderen.

De vreugde van de een is de pijn van de ander; bedenk eens hoe giftig dat is! Om rijk te zijn, moeten velen arm zijn; om te winnen, moet iemand verliezen.

Zou het betekenis verliezen als iedereen zou winnen? Als competities een nieuw formaat zouden krijgen waarin er geen glorie is voor de winnaar, maar alleen de vaststelling dat hij zeer goed is? Die glorie is wat jaloezie, hebzucht en onenigheid veroorzaakt. Deze prijzen van "ik

ben beter”; “ik doe meer dan wie dan ook” veroorzaken meer jaloezie, trots en afgunst dan “volg mijn voorbeeld.”

Ik ben de beste speler ter wereld, ik ben de beste president, ik ben de mooiste, ik ben de rijkste, als we zo blijven denken, creëren we Sterren creëren we, en vervolgens worden we boos op het succes van anderen.

Hoe valt dat te begrijpen?

Het is niet genoeg om succesvol te zijn, het moet zo ver reiken dat het andere planeten, andere sterrenstelsels bereikt. "Ik wil geen Ferrari, ik wil een vloot luxeauto's." Het is niet genoeg om een gespierd lichaam te hebben, ik moet eruitzien als de ongelooflijke Hulk.

Het is niet genoeg om geld te hebben, ik moet miljardair zijn en bij voorkeur de rijkste miljardair van allemaal. Ik ga op de Forbes-lijst, dus ik moet nog meer rijkdom vergaren!

“Hoe leger we zijn, des te meer hebben we dingen nodig.”

Hoofdstuk 4
Het narcisme van de man

"Degene die niet loskomt van zijn moeder, zal niet groeien, zal geen volwassen worden!"

Mannen zijn gehecht aan hun moeders, En wanneer de navelstreng blijft bestaan zullen we kinderachtige mannen hebben die eenvoudige dingen niet kunnen doen, zoals bijvoorbeeld "hun eigen veters strikken". Wanneer de moeder een levende moeder is, scheidt ze dit kind van haar lichaam. (Scheiden hier betekent dat ze het kind laat zien dat het een zelfstandig, onafhankelijk individu is en de wereld zelf kan ontdekken door de realiteit onder ogen te zien).

Bij de geboorte denkt hij dat zijn moeder een verlengstuk van zijn lichaam is. In het Oedipuscomplex scheidt hij zich af en wordt hij een individu; zij scheidt zich af en schenkt dit van de scheiding met liefde aan het kind zodat het zich kan ontwikkelen. Tijdens mijn studie van de psychoanalyse leerde ik dat er een pijn is bij ons allemaal bij het scheiden van onze ouders, vooral van de moeder.

Toen we klein waren, was onze moeder ons alles. We waren bang haar te verliezen.

Het is in het proces van scheiden en het beleven van het verdriet van de scheiding dat het kind begrijpt dat het een uniek wezen is en kan doorgaan met groeien zoals alle anderen.

Scheiden is het kind toestaan de wereld te leren kennen, de realiteit aan te raken, en de realiteit is soms goed en soms slecht. Een kind dat "te veel wordt bemind" (te veel wordt beschermd) of misbruikt, zal in de toekomst problemen hebben, dus voordat we kinderen krijgen, moeten we enige zekerheid hebben over of we levende of dode moeders zijn.

Hoe weet ik of ik een levende of dode moeder zal zijn? Een levende moeder is een moeder die zichzelf kent, haar eigen waarde begrijpt, fysieke en mentale kracht heeft, weet wat goed en slecht is voor het samenleven, weet hoe ze in een groep moet leven, een levensdoel heeft, en libido heeft, de drang tot leven en verlangen.

Volgens Sam Vaknin, beroemd om zijn studies over narcisme, stelt een levende moeder het kind bloot aan risico's. Omdat risico's een geschenk zijn om te leren omgaan met verliezen en successen. Een levende moeder scheidt het kind van zichzelf enmoedigt het aan om de wereld zonder angst te verkennen.

Daarom beschermt ze niet meer dan nodig is en helpt ze het kind de wereld te begrijpen, zodat het begrijpt hoe het werkt, wat de wetten van het leven en de natuur zijn. Ze helpt het kind door de realiteit van de wereld te navigeren.

Ze laat het kind beetje bij beetje zien dat zijzelf het heeft overleefd en dat het dat ook kan.

Een dode moeder is fysiek aanwezig maar emotioneel afwezig.

Is narcistisch (egoïstisch), een slachtoffer, heeft geen libido, geen liefde voor het leven, weet niet hoe ze met anderen moet omgaan.

Zo kan ze ernstige depressies hebben, bekende of onbekende mentale stoornissen, en heeft ze niet het vermogen om een goede moeder te zijn. Ze maakt het kind tot een object, (wanneer ze het bijvoorbeeld alleen bemint

wanneer het goede resultaten behaalt), of ze "parentifi-ceert" het kind, waardoor het een van de verzorgers (ouders) wordt in plaats van dat het zelf wordt verzorgd. Sommige moeders blijven, zelfs op oudere leeftijd, hun kinderen als hun ouders behandelen.

Vragen om gunsten Willen verzorgd worden, hebben behoeft aan advies, aandacht en een schouder om op te leunen.

Meer informatie, artikelen en video's over dode moeders/narcisme zijn te vinden op het internet. Ik zou André Green en Sam Vaknin aanbevelen. Veel mannen, heel veel, zijn egoïstisch.

Ze kunnen geen sorry zeggen, geen gewetensonderzoek doen, niet naar anderen kijken. (Ze hebben zich niet van hun moeders gescheiden). Moeders maken zich geen zorgen om hen dit van jongs af aan te leren.

Veel van hen denken de meeste tijd alleen aan zichzelf, nemen beslissingen gebaseerd op wat goed is voor hen en niet voor de groep, en dit zit in de kern van de man.

Hij verwart dit in het leven buiten zijn lichaam, denkt dat als hij stopt en naar anderen kijkt, hij zijn plaats verliest aan hen, maar zijn succes is gericht op wat hij in zijn kern heeft en niet alleen op het koortsachtig vooruit rennen.

Die zaadcel die rent en snel is en anderen voorbijgaat, zal worden uitgesloten omdat hij andere vereisten mist, zoals "gezond zijn".

Excuseer de mannen, ik zou het liever niet hoeven zeggen, maar we weten dat de meeste leidinggevende functies zoals chef, directeur, president, enz., door mannen worden bekleed, zelfs als vrouwen goede posities bereiken.

Net als het merendeel van het seksuele geweld, verkrachtingen, oplichting, oorlogsverklaringen, moorden, pedofilie en diefstallen. Helaas liegen deze cijfers niet! Je hoeft alleen maar om je heen te kijken.

Luister naar de verhalen of het nieuws! Kijk een week lang naar het nieuws, maak aantekeningen en tel hoe vaak

de genoemde misdrijven voorbijkwamen, hoeveel ervan door mannen en hoeveel door vrouwen werden gepleegd.

Zelfs nu vrouwen hoge posities bekleden in narcisme, psychopathie en misdrijven… (dit komt misschien door de masculinisering van vrouwen), blijft het grootste deel van deze misdrijven door mannen begaan.

Er is hier iets dat verkend en besproken moet worden. Hoe? Waarom? Waar?

Ze denken niet aan het geheel! Mannen zijn zo en blijven zo, waarbij ze dit idee van vader op zoon overdragen, van generatie op generatie.

Er bestaat een broederschap tussen mannen, onzichtbaar (voor mij zichtbaar), dat hen beschermt en hen in deze cirkel houdt waarin zij blijven winnen en meer van het menselijk leven genieten, terwijl de vrouw helpt telkens als ze met dit model instemt, zichzelf het zwijgen oplegt en haar kracht ontkent.

Net zoals blanken meer genieten dan zwarten, genieten mannen meer omdat deze vorm van egoïsme en broederschap hen hiervoor uitrust. Deze manier om een zoon op te voeden rust hem hiervoor uit; hij begint te geloven dat hij macht heeft omdat hij een penis heeft, vervolgens wordt hij door de vader aanbeden omdat hij deze penis heeft, daarna door de maatschappij en alles om hem heen.

Ouders leren hem niet dat hij een mens is met iets om in te passen en niet meer dan dat. Ouders, vooral de moeder, leren hem niet de taken die hem doen beseffen dat hij gelijk is aan het meisje. Dat een man de afwas doet, kleding vouwt, zijn eigen kleding kiest, zichzelf alleen en perfect kan schoonmaken (veel van ons moeders laten de jongen zich half wassen onder het mom "ach, hij is een jongen, hij mag een beetje vies blijven", de moeder droogt de badkamer die hij heeft gebruikt, leert hem niet dat bestek beter in harmonie kan worden opgeborgen, als hij iets vuil maakt, maakt zij het schoon; als er iets moet worden gedaan, zoals koken of dingen op hun plaats zetten, doet zij het voor hem; ze laat hem niet meedoen, vraagt hem niets te doen; koopt kleding voor hem, kleedt hem aan, verzorgt hem als hi ziek is..

Dus veel taken worden overgeslagen, en hij groeit op met het geloof dat hij niet dezelfde dingen doet als een meisje, misschien omdat hij belangrijker is, en dan begint het interne gevoel van "ik ben beter". Een jongen kan echter in zijn jeugd veel dingen doen om te begrijpen dat hij niet beter is. Hij kan dingen delen met anderen.

Ouders moeten hem dit voortdurend leren, zodat hij de waarde van het vrouwelijke kan zien en begrijpen, zodat hij kan leren schoonmaken zoals een vrouw, want hij is niet gehandicapt (tenzij dat wel het geval is); zodat hij mensen kan zien als mensen en niet als objecten die gebruikt moeten worden (ouders leren hem mensen als objecten te behandelen wanneer ze het kind objectiveren, wanneer ze alleen van hem houden als hij goede resultaten behaalt); zodat hij dingen kan leren zoals het houden van een huis, houden van netheid, deelnemen en bijdragen aan de harmonie van het huis.

De moeder leert niet hoe belangrijk het is om een handdoek na het douchen uit te spreiden zodat deze sneller droogt, hoe harmonieuze bestekindeling een betere keuze is, leert de jongen niet de gewoonte aan om iets op te ruimen als hij iets ziet dat niet op zijn plaats ligt. Leert hem niet om een verdorde blad van een plant te verwijderen, de planten water te geven.

Het beddengoed op te maken na het opstaan omdat dat harmonieus en stimulerend is, leert hem niet om voorzichtig met de tandpasta om te gaan, leert hem niet om de badkamer brandschoon achter te laten na gebruik, leert hem niet dat de harmonie van het huis door iemand is gecreëerd en dat iedereen die erin woont dat "iemand" moet zijn, leert hem niet stof van meubels te halen, een badkamer schoon te maken, leert hem niet dat harmonie en organisatie voor zowel mannen als vrouwen zijn, leert hem niet op de juiste leeftijd dat lichamen tempels zijn en dat

het mengen van tempels leidt tot het mengen van energieën, wat karma met zich mee kan brengen.

Ze leert niet dat het mogelijk is om je emoties te beheersen zonder anderen te beledigen.

Omdat dit niet wordt geleerd, leert hij op school van "anderen die ook niet zijn onderwezen" om te beledigen wanneer hij zich gekwetst voelt.

Op school leren ze de moeder of vader van een klasgenoot te vernederen of te beledigen wanneer hij iets deed wat niet beviel, zoiets als: "Je moeder lijkt op een kikker en je vader lijkt opeen slak." Er wordt niet geleerd dat ze hun impulsen en wilde instincten moeten beheersen...

Misschien vraag je je op dit moment af, jij lezer, en vooral jij lezeres: en de vader? Waarom is hij niet...

Waarom leert de vader deze dingen niet?

Het is veel voor de moeder! Ik weet het! Ik ben het ermee eens, maar als we de vaders van deze kinderen zouden vragen, zouden ze het zeker niet weten, want zij hebben dit nooit geleerd, ze doen deze dingen niet en zullen het niet kunnen onderwijzen.

Onthoud, deze mannen hebben zich ontwikkeld zonder ooit hierover na te hoeven denken, en de vrouw, die al overladen is, wilde en wil zich van deze enorme verantwoordelijkheid bevrijden.

Dus ze heeft zich ontworsteld en ontworstelt zich nog steeds aan dit "onderwijzen", maar naar mijn mening moeten wij vrouwen deze stap zetten zodat deze mannen het observeren en na verloop van tijd deze manier van opvoeden kopiëren. Een man kan man zijn, een mannelijk wezen, een sterke stem hebben, gespierd zijn, mentaal capabel, een normaal mens zonder dat hij groot of als een god hoeft te zijn.

God van wat? Van wie? Van andere mannen? Waarom?

Om van een beter leven te genieten en daarvoor is het nodig de status van een ander wezen te verlagen?

Heeft deze man, na deze overvloed aan informatie die we vandaag hebben, nog steeds niet gezien, begrepen dat dit model deze zieke wereld heeft gecreëerd?

We kunnen met zekerheid stellen dat dit model de ontwikkeling mogelijk heeft gemaakt die tot hier is gekomen en dat er veel is bereikt.

Natuurlijk!

Het was lange tijd waardevol, voor bepaalde aspecten zoals de ontwikkeling van naties en vele andere zaken, met de man aan de leiding van alles.

Maar tegelijkertijd was het een onvolledig systeem.

Want terwijl het ontwikkeling bevorderde, bevorderde het ook onenigheid, hebzucht, grenzeloos verlangen, egocentrisme, materialisme, de desintegratie van het gezin, het massale verlangen naar het oppervlakkige en wegwerpartikelen. Ik heb een aantal taken opgesomd die aan mannen zouden moeten worden geleerd, omdat daar de ontwikkeling ligt van deze structuur die wordt aanbeden en beschermd, en alles begint thuis.

Daar, in het gezin, zal het kind deze leugen ontkrachten dat hij een koning is en alles kan en verdient. Het is precies wanneer hij, op een passende manier, zichzelf in dezelfde situaties ziet als andere kinderen of wanneer hij ziet dat zijn ouders taken verdelen en elkaar respecteren, dat hij gaat beseffen dat hij net als het meisje is, dat mannen afwassen, kleren vouwen, hun eigen kleren kiezen, zichzelf goed en grondig kunnen schoonmaken (veel van ons moeders laten de jongen zich half wassen met het excuus; "ach, hij is een jongen, hij kan een beetje vies blijven"), dat de moeder de badkamer die hij gebruikt heeft niet schoonmaakt, dat ze hem leert dat bestek beter op een bepaalde manier kan worden opgeborgen; als hij iets vuil maakt, maakt hij het zelf schoon; als er iets moet gebeuren, zoals koken of dingen op hun plek zetten, doet hij het zelf; hij mag meedoen en doet het zelf, leert het zelf en groeit met het gevoel van gerechtigheid in zijn hart.

Dit kind zal ongetwijfeld opgroeien met dit sterke gevoel, zal niet "graag willen ruilen" en zal de vrouw met andere ogen zien, niet als zijn meesteres, maar als zijn gewenste metgezel. De man die vrouwen wensen is degene met mannelijke kenmerken, maar die ook schoon, eerlijk, toegewijd is, de vrouwelijke individualiteit respecteert, de vrouw als gelijke waardeert, zeker is in zijn mannelijkheid, van netheid en organisatie houdt, weet welke taken hij moet doen en wanneer, en die niet klaagt om ze te doen, hij doet ze omdat hij weet dat ze de verantwoordelijkheid van hen beiden zijn. Hij weet gewoon dat dit de vrouw zekerheid geeft, want hij objectificeert haar niet en leunt niet op haar voor zaken en taken die voor hen beiden zijn.

De man blijft geloven dat hij meer rechten heeft en meer verdient. Het narcisme dat in de Oedipus-fase moet worden getemd, wordt het hele leven benadrukt en verdient juist in de kindertijd meer aandacht. **De moeder moet hem loslaten!**

<u>Seks is in de geest van de man...</u> Een kennis van mij, hier in Nederland, vertelde me toevallig vandaag het volgende:

"Ik moet onder de dekens slapen, want als hij mijn benen ziet, gaat hij me lastigvallen."

Deze persoon is 70 jaar oud, en de man in kwestie is 80. Hoeveel klachten heb ik al gehoord van alle vrouwen die in mijn leven zijn geweest, allemaal. Misschien hebben sommige lezeressen andere ervaringen.

Maar in mijn ervaring klaagden ze allemaal over hun mannen die hen te vaak benaderden.

De man (de meeste, niet allemaal) doet alsof hij het niet begrijpt, dat moet haast wel!

Hoe kan hij niet inzien dat de vrouw niet elke dag en op elk moment zin heeft in seks? Hij moet gelezen of gehoord hebben op school of op tv dat de vrouw één ei per maand heeft en dat haar hormonen en gevoelens één keer per maand klaar zijn voor seks en voortplanting. Het is niet mogelijk dat ze dit niet weten of er niet in geloven.

Het is duidelijk dat ze het weten! Afgezien van enkele fasen van de puberteit tot de volwassenheid waarin beide lichamen meer verlangens naar seks hebben, wil de vrouw niet elke dag en niet op elk moment seks. Toch zijn ze zo lichamelijk ingesteld dat ze dit instinct hun hele wezen laten overnemen. Ze dringen voortdurend aan om meer seks te krijgen.

Alsof er geen bewustzijn is, wordt het Id (onbewuste, primitieve impulsen) de baas van de man, en zonder beschermende barrières breekt het door het superego en ego, en handelt gewoon wild om seks te verkrijgen.

Heb je ooit dit cliché gehoord of gezien? Het stel heeft net seks gehad, ze zijn voldaan.

Ze hebben honger of moeten samen ergens naartoe, wat gebeurt er? In de lift was er een vrouw met een opvallend achterwerk, en hij keek en verlangde een seconde lang naar die vrouw.

Geen zelfbeheersing! Ze doen het en vinden het leuk om zo te zijn! Ze lachen om degenen die het doen; als ze niet lachen, dan doen ze dat stiekem of verhullen het. Maar we weten het! Het is zelfs begrijpelijk dat hij zulke impulsen heeft; zijn fysieke aard draagt miljoenen zaadcellen die een eicel willen doorboren en meer mensen willen maken. Wat niet te begrijpen is, is de overdrijving, de wanhoop, het gebrek aan controle, alsof ze wezens zonder hersenen zijn, zonder controle. (Wie waren eigenlijk degenen die zeiden dat vrouwen geen hersenen hadden?)

Het instinct (id) is de baas in hun leven, en slechts weinigen richten zich op het ontladen van deze energie op duizenden andere manieren, zoals studies, lichamelijke oefeningen, huishoudelijke taken (de moeder geeft hem geen taken), persoonlijke en filosofische groei, het doel van een leven, filantropische doelen die de wereld verbeteren, iets van waarde achterlaten in dit bestaan en niet alleen zaadcellen.

De man moet leren om deze instincten te kalmeren; de samenleving moet manieren vinden om deze jongen (man)

bezig te houden zodat hij zijn brein inzet en zijn energie naar iets productievers en verrijkender kan kanaliseren.

Er zouden op scholen lessen moeten zijn in timmeren, huizen schilderen, metselwerk, sanitair, sporten die veel inspanning vergen, want er zijn duizenden vaardigheden die ze kunnen leren om thuis te helpen, leren hoe ze een muur boren met een boormachine, een stuk land wieden, leren om een brand te blussen, meubels in elkaar te zetten, ruimtes en huizen schoon en netjes te houden, goede manieren leren, onafhankelijk zijn, zorg dragen voor ouderen, leren om "nee" te horen, eerlijk zijn, een betere wereld creëren door middel van filosofie, psychologie leren en voor baby's zorgen. Wat leren deze jongens tegenwoordig? Videospelletjes spelen en hun dagen en levens doorbrengen met gamen, vooral moordspelletjes.

Op dit moment sta je misschien met grote ogen te lezen, zeggend: Mijn God! Het is echt zo!

Natuurlijk! Stel je de opluchting voor van het zien van deze mannen met meer zelfbeheersing, zonder die onrust en wanhoop door seks en hoge testosteron. Stel je voor, de toekomst van de wereld met deze mannen die begrijpen hoe het leven werkt, de psychologie en al die talloze vaardigheden.

Stel je deze volwassenen voor met een basiskennis over het oplossen van huishoudelijke problemen en het repareren van dingen! Dat is een droom! Naar mijn mening moet de man deze mannelijkheid herwinnen, dingen doen die mannen doen, dingen die vrouwen bewonderen en waarbij, zij zich beschermt bij voelen, terwijl hij ook neutrale taken aanpast die in het verleden als vrouwentaken werden beschouwd; "therapie is voor watjes," "afwassen is voor vrouwen," "kleding vouwen ook," "jezelf schoonmaken" (**moeders, leer je zonen zichzelf schoon te maken zoals vrouwen dat doen! Leer mannen om babydoekjes te gebruiken als het nodig is**). Ik bedoel schoonmaken en alles wat we hierboven al hebben gezien...

De man van tegenwoordig weet niet eens waar zijn eigen kleren liggen. Hij kan niets, hij weet waar niets is.

Hij huurt voortdurend anderen in omdat hij het niet kan of omdat hij te lui is. Niets tegen het inhuren van een professional, maar soms zijn het simpele problemen die met een beetje kennis kan worden opgelost, en toch zien we deze man passief blijven, niet wetend wat te doen, natuurlijk! Hij heeft dit thuis noch op school geleerd; hij leert niet om gevraagd te worden, zodat hij kan blijven gamen, tv kan kijken of slapen, en er is niets dat een vrouwmeer "demotiveert" dan dat.

Als de vrouw van nature al minder geneigd is tot seks dan de man, stel je dan voor hoe het is met een man zoals deze.

"De vrouw die deze man op de bank ziet liggen terwijl zij duizenden dingen doet, begint hem te zien als iemand die ongeschikt is, een last, ze begint hem minder leuk te vinden omdat hij niet nuttig is." Terwijl de vrouw dingen moet leren en, nog erger, hij wordt steeds onnodiger, want taken zoals een gat in de muur boren, meubels of muren schilderen, de auto wassen, het vuilnis naar de container brengen, een barbecue aansteken zouden van hem moeten zijn. Waarom blijft deze man, nadat de vrouw is gaan werken, achteroverleunen, laat hij haar alles doen en vindt hij het prima?

Hij neemt een narcistische houding aan van "Ik weet dat ik het kan, ik weet dat ik het kan doen, ik ben de man van het huis, ik heb een sterk lichaam en zou die houding moeten hebben, want ik heb sterkere armen, maar nu zij werkt en de dingen regelt, blijf ik stil en laat ik haar het doen terwijl ik argumenten gebruik zoals 'ik doe het morgen of een andere dag' om ervoor te zorgen dat zij het doet, met opzet, zodat ze zich als koningen/Goden blijven voelen. Ze willen op alle mogelijke manieren het oude model in stand houden, dat al heeft laten zien dat het de wereld ziek maakt! Het lijkt alsof hij innerlijk gekwetst is, als een huilende, wraakzuchtige baby, omdat de vrouw laat zien

dat ze het vaak beter kan dan hij, dus speelt hij dit onzichtbare spel van 'ik doe alsof ik het niet weet, dat ik zwak ben,' alsof de vrouw door haar daden en zijn macht afneemt, en om wraak te nemen handelt hij op deze manier (discretie).

Deze man mag niet vergeten dat de vrouw rustig in haar eigen hoek zat, alles was prima totdat hij haar tekortdeed en haar waarde verminderde. Toen de strijd alleen tussen mannen was, was het draaglijk, maar sinds het te ver ging en hij, in zijn zoektocht om beter te zijn dan anderen, de vrouw verminderde, werd zij in de strijd geroepen! Dit is de zogenaamde oorlog der seksen! We willen 1x1. Mannen wilden/willen 1x0.

Conclusie:
Mannen kunnen en moeten zich ontwikkelen als unieke wezens, werken om uniek te zijn en niet als God!

Mannen mogen vechten voor hun eigen ruimte, maar zonder de ruimte van een ander te vernietigen, zonder hun gelijke te vernietigen. De zaadcel die bevrucht is, is niet degene die de andere vernietigt, maar degene die perfect past bij de eicel.

Die kiest de zaadcel op basis van bekwaamheid en niet alleen omdat hij snel kan rennen. De moeder is de belangrijkste factor die deze man zal vormen en hem correct zal laten ontwikkelen tot een volwassene die een pad van evolutie achterlaat voor anderen.

Deze moeder moet zich hiervan bewust zijn. Een kind krijgen is geen wandeling in het park! Een zoon krijgen is een dubbele verantwoordelijkheid en weten wat het betekent om moeder te zijn, vooral een moeder van zonen, is uiterst belangrijk!

Hoofdstuk 5
De dochter, de vrouw.

Ook de dochter, de vrouw, heeft behoefte aan serieuze aanpassingen.

De vrouw had in de vroegste tijden van het menselijk leven een zwakker lichaam, niet de fysieke kracht voor strijd, en zij kreeg de taken van het verzamelen van vruchten en het zorgen voor de kinderen toegewezen.

Door thuis te blijven, ontwikkelde ze deze manier van zijn en droeg ze de pijlers van een zacht lichaam en een zachte stem met zich mee, mildere taken, een wezen dat ontvangt.

Ze leerde zwijgen, zichzelf te annuleren en alles te accepteren. Omdat de man degene was die het voedsel zocht en hij met zijn arrogantie (testosteron) haar kleiner maakte of zij zichzelf kleiner maakte om hem te vereren. Ze leerde zijn slavin te zijn door zichzelf te verkopen voor voedsel. Er waren geen middelen of mensen om haar te vertellen en haar de zekerheid te geven dat haar werk om voor de kinderen en het huis te zorgen net zo waardevol was als dat van de man om voedsel te zoeken, en dat hij niet zo geïdealiseerd hoefde te worden.

Deze vrouw, of beter gezegd, deze essentie in haar kern, werd van generatie op generatie doorgegeven en droeg bij aan de instandhouding van dit systeem.

De vrouw heeft haar aandeel in het patriarchaat. Of ze het nu accepteert of niet, haar houding hielp bij het vormen van dit model. Tegenwoordig veranderen de dingen.

Ze is zich meer bewust en vecht voor haar plaats; ze moest leren jagen, haar huid en stem verharden, wil het respect terug dat ze voelde te zijn verloren. Het meisje van nu draagt deze dualiteit met zich mee; moet ik sterk zijn en toch zacht?

De vrouw is ook verward, ze raakt haar vrouwelijke essentie kwijt om aan behoeften te voldoen die vroeger door mannen werden vervuld. Deze vrouw is serieuzer, meer mentaal, minder sentimenteel, harder, slimmer, meer gevat en minder vrouwelijk, minder zachtaardig. Hier zien we allerlei problemen ontstaan door deze verplichte overgang om een lichaam dat in wezen zacht was geworden, sterker te maken.

We zien menstruatiecycli problematisch worden, seksuele problemen, vrouwen die vooruitgang boeken in taken die vroeger alleen door mannen werden gedaan, meer ziekten op jongere leeftijd, uiteengevallen gezinnen en strijd om gelijkheid, conflicten met mannen omdat ze meer succes hebben dan zij, enz.

Alsof ze zich zou wreken door mannelijker te worden.

In tegenstelling tot de man, die werd aanbeden en vereerd, ging de vrouw ten onder in de rol van de tweede, werd haar waarde verminderd en wordt deze nog steeds onderschat.

We zien nog steeds, voortdurend en dagelijks, dat de vrouw het doelwit is van grappen, wordt gedegradeerd, verkracht, seksueel lastiggevallen, minder betaald krijgt, mishandeld wordt, onderdrukt, voortdurend geobjectiveerd…

Het is de openlijke en subtiele minachting in het menselijk gedrag.

We zien zelfs vrouwen die mannen ondersteunen om het patriarchaat voort te zetten, hen verdedigen en steun bieden aan de verering van het mannelijke, verblind door

hun kern, met een domheid, een mentale zwakte en een gebrek aan bewustzijn.

De vrouw van vandaag, in het Westen, werkt doorgaans, zorgt voor kinderen en het huishouden, lost problemen op en heeft de hulp van de man nodig om alles rond te krijgen.

Ze heeft hulp nodig, want sinds de rollen zijn omgekeerd, is de man minder gaan doen en heeft hij (egoïstisch) al het werk aan de vrouw overgelaten. Vandaag heeft ze deze man nodig om te helpen met huishoudelijke taken, zodat alles goed kan functioneren.

Ze heeft geen tijd meer zoals vroeger, en heeft hem nodig om schoon te zijn (zich schoon te maken), georganiseerd te zijn, zijn mannentaak te doen en te helpen met de "taken die vroeger van de vrouw waren", zoals; zijn eigen kleding verzorgen, afwassen, bed opmaken, de badkamer schoon en droog achterlaten, het vuilnis buiten zetten, helpen met de kinderen, koken, en als zij meer werkt dan hij, af en toe een massage geven, moeite doen om haar last te verlichten met acties die haar niet het gevoel geven dat ze wordt gebruikt.

Ja! Massage! Je leest het goed!

Laten we ons herinneren hoe vaak de vrouw dit voor de mannen heeft gedaan? Hoe vaak heeft zij niet alleen gemasseerd, maar ook het huis opgeruimd en de kleren verzorgd, voor de kinderen gezorgd en diners en ontspannende situaties gecreëerd voor hem na een drukke werkdag.

Het is tijd om iets terug te geven!

Deze taken die de vrouw vandaag de dag moet uitvoeren, zijn precies de taken die in de kindertijd door moeders zijn weggelaten bij het grootbrengen van de mannen van nu. Het was het gebrek, veroorzaakt door hen, dat deze mannen hielp en helpt om het patriarchaat in stand te houden, waarin hij meer kan en meer verdient.

Hoe kan de vrouw echter bijdragen aan het creëren van een rechtvaardigere wereld?

Ze vervult al de mannelijke rol en heeft hem bijna niet meer nodig, aangezien hij zich constant verzet tegen het delen van de kroon. De vrouw heeft het contact met andere vrouwen verloren. Alleen en zonder steun voelt ze zich zwak.

Ze moet vrouwen samenbrengen, broederschappen vormen en fronten creëren die haar vrouwelijke kracht versterken.

De dochter, het meisje, moet leren vrouwelijke taken te verrichten en enkele mannelijke, maar trouw blijven aan haar vrouwelijkheid, net zoals de man bij het mannelijke blijft. In de fase van het Oedipuscomplex, van 3 tot 6 jaar, moeten ouders alert zijn op wat er gebeurt.

Een moeder die niet van het moederschap houdt, bijvoorbeeld, zal dit in het meisje inprenten, en zij zal ook geen moeder willen zijn.

Een dochter die het fallus van haar vader (penis — de macht van de vader) wil bezitten en zich ervan bewust wordt dat ze dit niet zal kunnen, zal verlangen moeder te worden om dat fallus op een andere manier te verkrijgen, in de vorm van een baby.

Wat is er dan mis met vrouwen en wat kan en zou de groepsdynamiek kunnen verbeteren?

Bij het krijgen van een dochter, verschillen de zorgen, te beginnen met haar kleding, de manier waarop ze wordt behandeld en de bescherming die ze van haar ouders krijgt die "weten hoe de mannelijke essentie werkt", wordt het meisje opgevoed met extra bescherming, en kwetsbaarheid wordt niet alleen geïnternaliseerd als een wezen met een kleiner en kwetsbaarder lichaam dan dat van een man, maar als een inferieur wezen.

Het huis weerspiegelt dit, de school versterkt het, de maatschappij, de tv en nu ook sociale media.

Ze groeit op met het idee "ik ben zwak, ik ben beperkt, ik kan breken."

Het meisje leert "meisjestaken", zoals zacht spreken, naaien, het huis opruimen, wassen, strijken, onderdanig zijn, harmonieus gekleed gaan...

Ik geloof dat ouders voortdurend zouden moeten observeren dat ze een gelijk wezen is met een ander lichaamstype.

Hier begint het probleem. Wanneer je opgroeit met de zekerheid dat je niet inferieur bent aan het andere geslacht, dan zul je in de toekomst iemand zijn die zeker is, die geen misbruik accepteert, die nee zegt tegen misbruik en broederschappen met andere vrouwen vormt. Want of we het nu weten of niet, mannen hebben deze stuwende kracht gecreëerd; het patriarchaat, door samen te werken en een systeem op te dringen dat hen bevoordeelt.

Bovendien kan het veranderen van deze onjuiste dynamiek dat de vrouw inferieur is ook de toekomst ten goede veranderen, vooral wat betreft psychische stoornissen.

Omdat het Oedipuscomplex, dat de belangrijkste factor is in de presentatie van psychische stoornissen, wordt herzien, herverdeeld, herzien.

En in plaats van dat het kind opgroeit met de wens naar dat fallus (macht/penis), zal het opgroeien en zich ontwikkelen met het gevoel dat het voldoende is. Dit meisje mist een levende moeder die haar de zekerheid geeft dat ze niet inferieur is, en alleen de moeder kan haar dit geven, aangezien zij hetzelfde lichaam heeft.

Deze moeder accepteert geen misbruik van mannen, heeft haar eigen leven, wat betekent dat ze interesses heeft, haar woord heeft, principes en idealen heeft en deze niet verkoopt voor een paar kussen of om gekozen te worden. Veel vrouwen "verkopen" of "verraden" hun principes en idealen voor kussen en om een man te veroveren, ze annuleren zichzelf, beschadigen zichzelf om een man bij zich te houden, en verdragen elke vorm van vernedering.

Kijk om je heen en zie hoeveel vrouwen falende huwelijken, ontrouw, dronken echtgenoten, luie, leugenachtige, karakterloze mannen verdragen, ze accepteren slecht gedrag en arrogantie.

Er zijn veel vrouwen die geen nee kunnen zeggen omdat ze een ondragelijke angst hebben om alleen te zijn en niet gekozen te worden.

Ze kunnen zichzelf niet gelukkig maken en een gelukkig en bevredigend leven leiden in hun eentje, zich wijden aan een beroep, kinderen, kunst en hun geest vullen op manieren die hen niet dwingen hun waarden te verkopen. Ze kunnen niet alleen naar een bar gaan of reizen en van hun eigen gezelschap genieten zoals mannen dat doen. Op een gegeven moment in de geschiedenis, werd de mishandelde vrouw, die haar partner, minnaar of liefde zag omgaan met anderen, gedreven tot deze rivaliteit tussen vrouwen, een strijd om wie mooier, slimmer, gehaaider, onderdaniger is enz. om gekozen te worden, alsof er een tekort aan mannen is voor hen.

Op deze manier kan ze niet analyseren wie echt goed voor haar is. Niet tevreden, evolueerde deze rivaliteit zich tot behandelingen om er jonger en aantrekkelijker uit te zien.

Vandaag de dag vormt ze haar lichaam en gezicht door operaties om mee te kunnen doen in de strijd.

"Kies mij," denkt ze, volledig vergetend dat zij degene is die kiest en wie ze toelaat tot haar lichaam.

Niets tegen cosmetische behandelingen, ik hou ervan!

Ze geven ons een beter gevoel als ons lichaam, ons haar of onze huid er beter uitzien, maar wat niet vergeten mag worden is de overdrijving, de wanhoop, het gebrek aan realiteitsbesef.

Het hoeft niet overdreven te worden, maar als iemand het wil doen en dit zijn of haar zelfbeeld verbetert, is dat prima.

Maar wat we zien is een gebrek aan besef, "ik wil geen 400 ml siliconen, ik wil 1 liter." "Ik wil geen gewone ronde

kont, ik wil mijn lichaam vervormen zodat het lijkt op iemand zoals Kim..."

Voor mij is dat wanhoop. Een leegte die gevuld moet worden. Een paar jaar geleden, toen ik het droomlichaam wilde, trainde ik zeven keer per week met gewichten. Ik verloor elk besef en werd te gespierd, ik wilde steeds meer spieren, ik ging zelfs anabole steroïden gebruiken om het niveau te bereiken dat ik wilde, maar door de bijwerkingen verloor ik honderden haren per dag en ik kon niet beseffen hoe ver van de realiteit ik was.

Er was geen andere vrouw aan wie ik vertrouwde dat ze zou zeggen:

"Kijk, je ziet er geweldig uit, behoud gewoon het lichaam dat je al hebt bereikt!"

In het leven van een volwassen vrouw ontbreken vrouwen die vriendinnen, eerlijk en loyaal zijn, die haar welzijn versterken.

Vertrouwen is wat mannen in overvloed hebben, en wij missen dat. Een keer had een partner van een kennis haar uitgescholden na een ruzie, en ze spraken drie maanden lang niet meer met elkaar.

De relatie leek voorbij, en ze dachten al na over de volgende stappen voor de scheiding. In een poging om weer met elkaar in contact te komen, vroegen ze zijn beste vriend om met de vrouw te praten en haar zijn kant van het verhaal uit te leggen. Ze legde aan de vriend uit dat haar partner een grens had overschreden, die van respect, en daarom hadden ze geen contact en zouden ze uit elkaar gaan. Deze vriend, van wie ze dacht dat hij een goed begrip had van het leven en dingen zoals respect, verdedigde het schelden, hij zei dat het terecht was, omdat schelden komt wanneer men geen argumenten meer heeft, en de scheldende persoon heeft dan krachttermen nodig om de ander tot zwijgen te brengen.

Het was geen uitvlucht! Hij verdedigde echt dit gedrag van een ander mens, vergetend dat het schelden je de macht ontneemt om te discussiëren, dat communicatie

wordt verbroken, dat schelden je nog verder degradeert, dat het gebroken respect niet meer kan worden hersteld, dat een relatie zonder respect gedoemd is te eindigen, enz.

Misschien denk jij, lezer, precies zoals deze vriend, of ben je het er niet mee eens, en dat is prima.

Misschien lijkt dit boek niet op jouw ideeën, en is het waarschijnlijk niet voor jou, maar laten we niet te diep ingaan op deze kwestie! Het punt is dat de man een andere man verdedigt, ook al heeft die ongelijk. Hij ondersteunt, applaudisseert en biedt hulp. Vrouwen daarentegen, wat we overal zien, is dat ze elkaar denigreren, vechten om aandacht, wanhopig zijn voor blikken, willen wat anderen hebben, boos en gekwetst zijn omdat ze niet gekozen worden.

Dit zie je thuis, op het werk, in de samenleving en op sociale media.

Wat hen ontbreekt is eigenliefde, groepsdenken en het gevoel dat ze voldoende zijn, dat ze zelf kiezen, dat ze uniek zijn en niet hoeven te vechten, want ze zijn geen zaadcellen.

Het gebrek aan steun van de ander houdt hen zwak en alleen, en handhaaft het patriarchale systeem.

Wanneer een meisje wordt geleerd dat ze een uniek, perfect en compleet wezen is en dat wat van haar is vanzelf naar haar toe zal komen, hoeft ze niet te vechten, te concurreren of boven anderen te staan. Ze leert dat ze niet minderwaardig is omdat ze een dunner en kwetsbaarder lichaam heeft dan een man, dat haar lichaam zo is omdat er leven nodig is en dat het een ander lichaam vereist met andere aantrekkingskracht, en dat beide lichamen hun waarde hebben. Wanneer ze opgroeit met het besef dat de andere vrouw haar spiegel is, dat haar referentie in vrouwen ligt, dat om haar kracht te behouden, ze zich met andere vrouwen moet verbinden.

>>> Ondersteun hen, bescherm hen, werk samen, werk samen, vorm fronten en blijf verenigd, want dit is de enige manier om je eigen kracht te waarborgen.

Wat we op onze planeet zien, is het tegenovergestelde. Het meisje groeit op met tekortkomingen; de ouders hebben niet de juiste balans gevonden in aandacht, genegenheid, taken, of gaven te veel, of te weinig, of gaven helemaal niets.

Het komt terug op de vraag: waarom een kind krijgen als je niet kunt geven wat nodig is om een functioneel volwassene te vormen?

Waarom in hemelsnaam zou ik een dochter krijgen als ik een gebrek aan genegenheid heb, als ik niet in lijn ben met het vrouwelijke, als ik de vrouw niet als een deel van mezelf zie, als ik haar niet kan leren dat haar waarde gelijk is aan die van een man, als ik haar een leven vol onzekerheden ga geven, omdat ik onzeker ben over mezelf, als ik mezelf niet heb behandeld (therapie) en mezelf eerst niet heb leren kennen en verbeterd voor de taak van het moederschap? Het antwoord is de chaos waarin we leven.

Ik heb een geval gezien van een vrouw die jaloers was op haar eigen dochter, dus die dochter werd door de moeder afgewezen.

Daarom wilde ze geen borstvoeding, en daarna was deze moeder, hoewel ze voor haar zorgde, koud en jaloers op de dochters bij hun vader.

Ongelukkige, lege, trieste vrouwen, schreeuwend om hulp, verkracht, "geobjectiveerd", misbruikt, mannenwerk verrichtend. Ik geloof dat net zoals mannen huishoudelijke taken en mannelijke taken zouden moeten leren op school, vrouwen op school een sterker vrouwbeeld zouden moeten ontwikkelen.

Ze zouden op school moeten leren om zich als meisjes samen te verbinden met als doel elkaar te vertrouwen, hun gelijkwaardigheid met mannen te versterken, en dingen leren die hen verbinden met andere vrouwen.

Zoals borduren, schilderen, naaien, koken, opruimen, dansen, spelen, make-up aanbrengen...

Dit zijn dingen die bij het vrouwelijke horen en, naar mijn mening, als buitenschoolse activiteiten op scholen

zouden moeten worden aangeboden om de vrouwelijke wereld te versterken.

Conclusie:

Laten we zonen en dochters krijgen, maar laten we onszelf eerst voorbereiden als vrouwen, door de vrouwelijke kracht te versterken, wetende dat het de vrouwen zijn die kinderen op de wereld zetten, zij kiezen hun partners, zij beslissen of de wereld zal groeien of afnemen, zij beslissen wie deze planeet zal bewonen en hoe (door goede kinderen groot te brengen), zij bepalen wie blijft en wie gaat, wie blijft, zij dicteren de regels van hun eigen leven, en de regels moeten rechtvaardig, gezond en gevolgd zijn.

Onthoud dit als je een vrouw bent:

Jij, vrouw, hebt niet alleen één
leven, jij hebt wat ik noem:
Wereldlijkeverantwoordlijkheid
De wereld bedankt je wanneer je je
waarde kent en de
verantwoordelijkheid begrijpt die je
is gegeven als vrouw

Hoofdstuk 6
Het menselijke egoïsme

Begrijp je, lezer, dat kinderen krijgen veel breder en veel serieuzer is dan we denken dat we weten?

Begrijp je dat, als je deze keuze maakt, je bewust moet zijn?

Zie je in dat oppervlakkigheid ons leven zo heeft overgenomen dat we niets van het bovenstaande in overweging nemen, en dat dit de oorzaak is van het leven dat we momenteel leiden?

Wij zijn degenen die dit hebben gecreëerd, deze chaos, alles is op zijn kop gezet, ziektes, problemen, een pandemie van narcisme..., maar we kunnen het repareren, verbeteren.

Er is geen manier om de planeet te verbeteren als we geen aandacht besteden aan egoïsme en de ander zien als strijdmakker. We zijn allemaal elkaars slachtoffers! Niemand kan klagen, aangezien we allemaal verkeerd doen. Op deze manier doorgaan is een constante bevestiging van domheid.

Er is geen andere uitweg dan denken aan de ander. Er is geen manier om te winnen zonder te delen! Er is geen manier om te hebben zonder te geven, noch te geven zonder te hebben! Niet aan de ander denken is gewoonweg betalen om ongelukkig te zijn.

Het is simpel, er is geen ontkomen aan, geen betere keuze, geen "uitweg," want de uitkomst heeft al bewezen slecht te zijn.

We moeten denken aan de ander en alleen dan zullen we een betere wereld hebben.

In mijn ervaring, zie ik elke dag, meerdere keren per dag, dat telkens wanneer ik egoïstisch ben, ik problemen krijg, en elke keer dat ik aan de groep denk, ik oplossingen vind! Kijk, er is een verschil tussen narcisme op sociaal niveau en narcisme voor eigen voordeel. We zijn geboren met narcisme.

Eerst waren we alleen (primair narcisme). Als baby's investeerden we al onze libido in onszelf, en tijdens de ontwikkelingsfasen van het leven leren we dat, om in een groep te leven, we afstand moeten doen van ons narcisme (zelfliefde) om met anderen samen te leven. Narcisme is geen probleem als het ons waardeert als mens net als anderen, het helpt ons trouw te blijven aan onze kenmerken en verlangens, als unieke wezens. Het is schadelijk wanneer onze belangen boven die van de andere acht miljard mensen staan. Zou het niet naïef of onwetend zijn om steeds weer tegen dezelfde steen te stoten? Natuurlijk zal ik verwonde en bloedende handen krijgen.

Waarom blijf ik dingen doen waarvan ik weet dat ze me schaden?

Simpelweg door niet na te denken, niet te studeren, niet te pauzeren, geen doelen te hebben, niet te weten wat "doel" betekent. Het is dubbel naïef en onwetend om al deze chaos te zien en niet te stoppen om het beter te doen, het is als blijven staan en niet kunnen bewegen. Het is al gebleken dat dit model niet werkt, kijk om je heen naar het resultaat! Het is als 100 keer stelen, 100 keer gepakt worden en opnieuw opgesloten worden. Er is geen uitweg, het is een illusie om te denken dat je succesvol bent en de rest niet, of dat je lacht terwijl de ander huilt; als de rekening niet klopt, zal hij toch betaald moeten worden.

Als je mens bent, weet je dat er een onzichtbare rekening is die ons laat betalen voor elke cent van verspilde seconden, slecht uitgevoerde daden, slechte beslissingen.

We weten dat alles wat we doen een prijs heeft, een dharma of karma. De mens weet dat er een onzichtbare instantie is die dat aspect beheerst.

Er valt een boom precies wanneer je langskomt, iemand belde toen je aan hen dacht, de zon komt precies op dat moment, het leek alleen voor jou, iemand mist een vliegtuig dat neerstort...

We betalen en ontvangen voor wat we doen, en goed zijn is de enige goede keuze met goede resultaten. Er is de illusie dat bijvoorbeeld stelen je rijk zal maken, bedriegen je snel resultaat zal opleveren, liegen, niet delen, niet samenwerken je in een betere positie zal brengen, en dat niet aan de ander denken niet jouw probleem is... Als je eerlijk bent tegen jezelf, weet je dat dit niet werkt in je leven.

Probeer je situaties te herinneren waarin je niet aan de ander dacht... Ik zeg dit met overtuiging, ik weet zeker dat je een hoge prijs hebt betaald.

Ik weet dit omdat ik ook mens ben en dit aan den lijve heb ondervonden.

Op deze planeet zijn mensen de hele tijd met zichzelf bezig. Zo is het in het verkeer, wanneer je iemand per se wilt inhalen, thuis door niet eerlijk de taken te verdelen, op het werk wanneer je meer wilt verdienen en minder wilt doen dan wat eerder was afgesproken, in relaties wanneer je de ander uitbuit en de ander altijd het werk laat doen, wanneer we meer rechten willen dan anderen, wanneer we extra aandacht willen boven anderen, wanneer we trucjes gebruiken om anderen te misleiden...

Als we erover nadenken, zijn we voortdurend bezig met meer winst te maken, minder werk te doen, het "handigheidje".

Wat maakt het uit? Iedereen doet het!

Wat we hiermee bereiken, is een ingewikkelde wereld, waarin we altijd alert moeten zijn, want aangezien iedereen een "handigheidje" wil om meer te krijgen, zal iemand op een bepaald moment een briljant idee krijgen om voordeel te halen, en we zullen vallen als een "dom eendje," misleid door een paar broodkruimels... zonder dat hij beseft dat hij zal worden geroosterd. We kunnen niet klagen; we doen hetzelfde en we vinden het leuk en gaan door zonder er iets aan te veranderen, zonder een ego te vormen dat sterk is, tevreden met zichzelf, dat is ingeprent dat we verlangende wezens zijn, maar dat we anderen niet hoeven te overtreffen om onze verlangens koste wat kost te vervullen.

Het is een utopie om op deze manier te denken, dat weet ik, bijna een onmogelijke droom.

Het primitieve id in ons, waaruit deze impulsen en verlangens voortkomen.

Wil het ego en het superego koste wat kost overwinnen, omdat het verlangen zal blijven tot het wordt vervuld. Om het tegen te houden, is een sterk ego nodig dat zich niet voor elke impuls verkoopt, een superego gevormd door robuuste principes. En deze kunnen alleen bestaan als ze door de samenleving om ons heen worden omarmd en opgenomen.

Wat we tegenwoordig overal zien, is de verwaarlozing van principes in het algemeen. Velen weten niet eens wat een principe betekent. Een principe is het eerste moment van het bestaan van iets of van een actie, of processen, het begin, het startpunt van het leven op aarde.

Iets dat heeft gewerkt en nog steeds werkt! Zonder principes zijn we gedoemd tot barbarij, en barbarij is pure wildheid. We zijn egoïstisch als we besluiten een kind te krijgen en niet geschikt zijn voor deze rol. Egoïstisch tegenover het kind en de wereld! Het kind zal een hoge prijs betalen, en anderen ook! We zijn egoïstisch wanneer we niet voor onze mentale gezondheid zorgen.

We zijn egoïstisch wanneer we bij elke actie, elke gedachte, geen rekening houden met de ander. Zal de ander zich goed voelen bij mijn actie? Zal de wereld verbeteren

door mijn actie? Als ik mij goed voel, zal iemand anders zich dan slecht voelen? Wanneer we geen verantwoordelijkheid nemen, wanneer we geen informatie zoeken over het leven, het doel, hoe dit alles werkt, dan verbetert de wereld niet.

We zijn egoïstisch als we denken dat onze problemen groter zijn dan die van anderen, en onszelf als slachtoffer zien terwijl we profiteren van de goede inborst van anderen. We zijn egoïstisch als we niet voor de natuur zorgen, dat is het huis van iedereen. Iedereen moet zorgen!

We zijn egoïstisch als we niet tevreden zijn met wat we hebben, in plaats van dankbaar te zijn; we willen altijd meer.

We zijn egoïstisch als we denken dat we zielig zijn, maar we zijn allemaal slachtoffers van elkaar en van alles, dus er zijn geen zielige mensen! Laten we een aantal voorbeelden van egoïsme bekijken, waarbij we samenvatten wat in de vorige hoofdstukken is besproken.

<u>Kinderen krijgen en ouders zijn van kinderen</u>

• Wanneer volwassenen zich niet bekwaam maken om ouders te worden voordat ze kinderen krijgen, zijn ze egoïstisch.

Want als je een kind krijgt zonder het minimum aan liefde, begrip, opvoeding, aandacht, zorg te kunnen bieden...

Zal dit een problematisch persoon creëren, vol tekortkomingen die in de toekomst het leven van dat kind en vervolgens van anderen zullen vertragen.

• Als je niet weet wat het Oedipuscomplex betekent, EERST, vóórdat je kinderen krijgt, om alert te zijn op de ontwikkeling van het kind, ben je egoïstisch; je zult een kind grootbrengen dat mogelijk ernstige problemen in het volwassen leven kan hebben en bijgevolg ook bij anderen.

• Wanneer je jezelf niet eerst de vraag hebt gesteld en beantwoord: wie ben ik?

Waar ben ik naar op weg? Wat is dit, dit leven? Ben je egoïstisch, want zonder die antwoorden te kennen, zal je problemen veroorzaken voor jezelf en voor de kinderen die je krijgt.

• Wanneer je vol trauma's zit en geen hulp hebt gezocht (het is onze verantwoordelijkheid om te willen genezen).

Ben je egoïstisch omdat je denkt dat de wereld de schuld is van de trauma's die je hebt opgelopen, zonder te begrijpen dat we allemaal slachtoffers zijn van elkaar en van alles! We moeten onze verantwoordelijkheid nemen.

• Als je jaloers bent, te competitief, of behoeftig, gefrustreerd, ongelukkig, niet geliefd, ontrouw, oneerlijk, enz., en toch kinderen hebt gekregen ben je egoïstisch omdat je, naast al deze eigenschappen en zonder ze EERST op te lossen (bijvoorbeeld met therapie), kinderen hebt gekregen en hen precies deze dingen zult leren die eerder verwerkt, begrepen en geëlimineerd hadden moeten worden om deze gevoelens niet verder te verspreiden in de wereld.

• Als je denkt dat ouders (grootouders), de samenleving of de wereld ons iets verschuldigd zijn en ons moet helpen met het kind dat we besloten te krijgen, zijn we egoïstisch, want de wereld is ons niets verschuldigd!

Wij zijn het die dit leven aan de planeet verschuldigd zijn! Denk er eens over na: we leven hier tot een bepaald moment, daarna wordt ons lichaam teruggegeven aan de aarde!

Wij zijn het die het leven iets verschuldigd zijn, en het leven of iemand anders is ons niets verschuldigd! (geboren worden betekent al dat je iets verschuldigd bent).

• Als we een kind verwaarlozen, door gebrek aan; aandacht, zorg, halve zorgen, gebrek aan geld, ondersteuning, grenzen, geduld, liefde, respect, doel...

Zijn we egoïstisch want het is onze plicht om goed werk te leveren en te werken aan een betere wereld, om de wereld niet slechter achter te laten dan toen we kwamen, En niet het minimum te geven aan een kind zal de wereld afstotelijk, lelijk en ziek maken.

• Als je een kind niet kunt leren in een groep te leven, excuses aan te bieden, alsjeblieft, bedankt te zeggen, moet je eerst leren deze dingen te doen voordat je ze kunt onderwijzen.

• Als je niet met dit kind kunt spelen, kunt liefhebben, het beste voor hen wilt. Ben je egoïstisch, want het kind heeft dit nodig om te overleven en zelfvertrouwen te ontwikkelen, en bijgevolg een goed mens te worden voor de wereld.

• Als je niet kunt garanderen dat je verantwoordelijk zult zijn in het geval dat de andere ouder overlijdt, ben je egoïstisch, want het is jouw plicht om voor dit kind te zorgen en het beste te geven.

• Als je niet kunt werken en de minimale middelen kunt bieden die dit kind nodig heeft, zal het opgroeien met wrok tegen de wereld. Het zal denken dat de wereld het iets verschuldigd is omdat jij niet hebt gegeven wat anderen wel kregen! Het zal problemen veroorzaken voor de wereld!

• Als je niet weet hoe je het geven aan een kind moet doseren, door er alert op te zijn, niet te veel en niet te weinig te geven, en een evenwicht te bewaren tussen geven en ontvangen.

>> Dit kind zal een verwarde volwassene worden. Die denkt, dat het te veel of te weinig verdient,. en zal in zijn volwassenheid; problemen veroorzaken voor anderen.

Hoofdstuk 7
De man die volwassen is geworden

De man die niet heeft geleerd om met anderen om te gaan; die verwend is, die kinderachtig is gebleven en onvolwassen vanwege ouders die hem niet goed hebben begeleid of hem hebben geholpen om volwassen te worden; die denkt dat de wereld een plek is waar mannen koningen zijn en de rest onderdanen; die niet het belang van de vrouw begrijpt en het respect dat zij verdient, die zich niet bezighoudt met geestelijke en mentale groei, en die niet streeft naar hogere menselijke waarden en evolutie, zal de wereld vertragen.

We hebben al gezien dat egoïsme ons vertraagt, dat samenwerking meer helpt dan competitie, dat er geen andere manier is, er is geen ontsnappen aan, de enige manier om beter te leven is door jezelf als gelijke van iedereen te zien. Laten we ons herinneren hoe het was tijdens de coronapandemie... We losten het probleem op door samen te werken. Zo was het en alleen zo zal het zijn als we stoppen, het serieus nemen en als we dit dagelijks leren te doen.

Wanneer de man begrijpt dat hij geen God is, dat hij een mens is, dat hij slechts een fragment is van duizenden fragmenten die het geheel vormen, en dat elk klein stukje net zo speciaal is als hijzelf, dan zullen we een betere wereld hebben.

Hier zullen we dingen opsommen die dringend verandering nodig hebben aan de kant van de mannen:

• Je mag geen vrouw slaan. (Geef genegenheid);

• Je mag een vrouw niet onderdrukken of objectiveren. (Bescherm en zorg voor vrouwen);

• Je mag jezelf niet meer waard vinden dan anderen, iedereen verdient evenveel (Samen bereiken we meer);

• Je mag geen vrouw intimideren, verkrachten of dwingen om seks te hebben. (Betover de vrouw en verleidt haar om te willen);

• Je mag je kracht niet gebruiken om dingen te verkrijgen die niet van jou zijn; (Dingen die met moeite worden verkregen, zijn meer waard; moeite is anders dan kracht);

• Je mag geen kinderen in de steek laten. (Kinderen hebben de aanwezigheid van hun ouders hard nodig);

• Je mag jezelf niet als God beschouwen. (Mens zijn is het leven voelen, daarom heeft God ons gemaakt om het via ons te ervaren);

Wanneer het tegenovergestelde van deze dingen wordt gedaan, van de bovenstaande punten, ontstaan allerlei problemen wat de vorming van een rechtvaardige wereld vertraagt waarin iedereen ten volle van alles kan genieten.

Wanneer een man, vol trauma's, geen therapie zoekt, vertraagt hij de wereld, omdat hij overal waar hij komt, deze trauma's zal herbeleven die hem tot stilstand brengen. De wereld is ons dankbaar wanneer we genezen zijn! Wanneer een man een vrouw met respect en waardigheid behandelt, is de wereld hem dankbaar, want deze vrouw gaat dan door het leven zonder problemen te veroorzaken met andere mannen en vrouwen, en groeit spiritueel omdat ze van gelijk tot gelijkging zonder tijd te verliezen met het bewijzen van haar vrouwelijke waarde.

Wanneer een man als gelijke handelt, dat wil zeggen, afwast, het bed opmaakt, de was doet, voor baby's, kinderen en ouderen zorgt met liefde en respect, het geld deelt, en zichzelf niet beter vindt dan de vrouw, dan is de wereld hem dankbaar omdat er minder ruzies, minder irritatie, minder echtscheidingen, meer tevredenheid en vrede in de wereld zullen zijn.

Wanneer een man die ervoor kiest een partner te hebben bij die partner blijft, is de wereld hem dankbaar omdat hij, door dit te doen, vertrouwen uitstraalt in wie hij zegt te zijn.

Als ik een man ben en zeg dat ik monogaam ben, dan ben ik monogaam! (Einde.) Kan ik promiscue zijn? Ja, dat kan! Maar ik moet dat duidelijk maken! Ik ben promiscue, ik hou ervan en ga zo door! Geen probleem! In deze wereld kan zoveel...

Wat niet kan, is monogaam zijn en promiscue zijn, met twee gezichten, twee woorden, twee gedragingen. Door anderen te bedriegen, bedriegt men zichzelf, waardoor de wereld wordt vertraagd voor degenen die hebben gekozen om eerlijk te zijn, een woord te hebben, een gebaar, een persoonlijkheid.

We moeten op zijn minst eerlijk zijn tegenover onszelf!

Wanneer een man en een vrouw ervoor kiezen om een gezin te stichten en zich hier volledig voor in te zetten, wordt automatisch overeengekomen dat de relatie een derde entiteit is die moet worden verzorgd, en behandeld moet worden alsof het een instelling is die van hen beiden is. De pijlers voor een sterke basis zijn wederzijds respect, eerlijkheid, bewondering, zorg, orde, reinheid, warmte en verbondenheid.

Het is geen liefde! Het is geen passie en ook geen seks! Wat de entiteit draaiende houdt, is het naleven van de afspraak.

Hoofdstuk 8
De vrouw die volwassen is geworden

Zoals eerder gezegd, moet de vrouw haar waarde erkennen.

En dat zal gebeuren wanneer ze de waarde van de ander herkent, haar spiegel! Toen ik een paar jaar geleden in het land kwam waar ik nu woon, Nederland, was ik verrast door een zeer bijzonder gebruik dat hier vaak voorkomt.

Ze geven elkaar vaak complimenten.

Als iemand mooie kleren aan heeft, zeggen ze: "Je ziet er mooi uit," wat zoiets betekent als "Je ziet er geweldig uit."

Voorheen gaf ik nooit complimenten aan andere vrouwen; ik had het niet geleerd.

Na een tijdje vakantie in Brazilië ging ik met mijn zussen naar een restaurant, en in de kleine rij bij de kassa stond een vrouw met lang, zijdezacht haar tot op haar taille, licht golvend en in een prachtige roodachtige kleur. Ik zei tegen haar: "Je hebt geweldig haar, echt heel mooi!"

Mijn zus sperde haar ogen wijd open alsof ze geraakt werd door iets heel ongewoons en lachte, waarna ze vriendelijk zei:

"Je bent gek!" Haar reactie was alsof ik een lesbische flirt maakte met de vrouw. En als dat zo was? Ik denk dat het geen kwaad zou kunnen. Zie je, in sommige culturen kan het gek zijn om een compliment te geven!

Weet je wat je wint in dit verhaal?

Overigens valt er altijd iets te winnen met onze acties. Het lijkt misschien alsof ik er niets mee heb gewonnen, toch? Alleen de vrouw moet iets hebben gewonnen; ze werd gevleid en kreeg iets. Toch?

Fout!

Ik won omdat ik hiermee mijn verlangen naar dat haar uitte. Als ik het niet kan hebben, maar het wel wil (we houden van dingen die op ons lijken), dan heb ik tenminste mijn goede smaak bevestigd.

De vrouw won twee keer: ze kreeg een compliment voor de zorg die ze aan haar haar besteedde en als extra beloning de verbinding met een andere vrouw die niet haar haar wil trekken om hetzelfde of vergelijkbaar te hebben, maar degene waardeert die het heeft kunnen realiseren. Dit is een andere vrouw ondersteunen in wat we missen en versterken dat, als we iets willen, wij het ook kunnen bereiken. We versterken zowel de waarde van de ander als van onszelf tegelijkertijd. Bij een andere gelegenheid belde een "bekende" me via een videogesprek, en ik lag thuis, enigszins rommelig haar...

De persoon zei zonder omwegen het volgende: "Je ziet er verschrikkelijk uit!" Zie, het is heel gemakkelijk om iets negatiefs te zeggen en in sommige gevallen heel moeilijk om iets te zeggen dat de wereld mooier maakt! Dat is geen referentiepunt.

Ik ken niet alle steden ter wereld om een concrete culturele mening hierover te vormen, maar in mijn ervaring zie ik constant vrouwen die elkaar niet steunen, puur uit jaloezie, afgunst, of de angst om een ander macht te geven en daardoor niet zelf gekozen te worden of zich beter te voelen dan de ander. In het laatste geval ben ik er zeker van dat het door de cultuur van de persoon komt. In het culturele begrip van deze persoon is het heel gewoon om te zeggen: je bent dik, je bent lelijk, trek die kleding uit, want het is vreselijk... gewoon omdat de persoon een vrouw was, maar dan wel gay. In haar zijn is deze cultuur

ingebed om dingen te zeggen die een ander kwetsen, en dat wordt als normaal beschouwd.

Ik zeg niet dat we moeten liegen of de waarheid niet mogen zeggen, maar als het niet is om iemands dag of leven te verbeteren, laten we dan zwijgen!

Bij vrouwen ontbreekt de broederschap!

Het vrouwelijke onderlinge steun ontbreekt! Hoe vaak heb ik niet meegemaakt dat vrouwen dingen zeiden en deden uit pure jaloezie. Wat hen ontbrak, was broederschap, een sterke innerlijke stem die zegt; "Ze is een van ons, ze is een vrouw," die stem die ons laat heroverwegen en ons gedrag op één lijn brengt. Ik heb zelf dingen gedaan waar ik niet trots op ben, zoals aandacht geven aan een man die al een partner had, te veel aandacht geven aan een gebonden man. Dit is geen preuts verhaal van een berouwvolle jonge vrouw.

Ik geloof gewoon niet in deze moderne wereld zonder referentiekader waarin vrouwen intiem kunnen omgaan met de wereld van mannen zonder dat er een latente innerlijke wens is naar iets meer, wat uiteindelijk schade kan veroorzaken, vooral als deze man al een partner heeft.

Nu, volwassener, heb ik er spijt van dat ik dat heb gedaan, ook al heeft de ervaring me geleerd. Ik zou willen dat ik het ergens had gelezen, of een voorbeeld had gehad, om volwassen te worden en het niet te doen.

Nog steeds zie ik dit regelmatig gebeuren, ik hoor verhalen...

De vrouw weet dat de man een relatie heeft en geeft hem toch aandacht, kijkt hem langer dan vijf seconden aan (bij langer kijken is er een dieper interesse), verandert haar stem, paradeert om zijn aandacht te trekken en de andere vrouw te kleineren.

Dit is zo kleinzielig! Zo bizar! Ze vergeet dat ze uniek is en dat wat voor haar is, zonder moeite zal komen. In de wereld van mannen concurreren ze onderling, maar ze doen niet aan dergelijke laagwaardige manoeuvres.

Ze winnen zonder de ander te moeten vernederen en nog minder op een schaamteloze manier; als dat zelden gebeurt, gaan ze de confrontatie aan. Ze kennen hun waarde. Omdat ze zich verenigen! Sorry voor de "moderne" opvattingen, maar dit past niet in mijn levensconcept. Ik geloof dat vrouwen, licht door de mannenwereld kunnen bewegen.

Maar dat ze hun vrouwelijke kant moeten behouden, hun eigenheid, hun oorsprong en vooral hun vrouwelijke principes. Momenteel zijn er geen vrouwelijke principes meer, omdat ze verloren gaan zonder broederschap om ze door te geven en ze worden ingeruild voor mannelijke principes. Een vrouw zonder vrouwelijke principes gedraagt zich als een man. Ze kan bijvoorbeeld flirten met mannen in een relatie, net zoals een man die zijn vrouw bedriegt in een "nachtclub"; ze kan overmatig seks hebben alsof ze een machine, zonder hersens en gevoelens is, en met velen, zoals mannen...

Tegenwoordig wil ze gespierd zijn; het is genoeg om naar een sportschool te gaan en te zien, ze wil betalen om te laten zien dat ze "ballen" heeft, vraagt zelfs op haar knieën ten huwelijk en koopt de verlovingsring. Kijk op Instagram, en je ziet dit elke dag. Een vrouw hoeft niet in een boerka te lopen en ongezien te blijven; ze moet zich laten zien als mooi, als ze zich mooi wil voelen, maar in mijn ogen moet ze haar houding behouden. Ze moet proberen degenen die niet op hetzelfde niveau staan, op te tillen en zich niet te verkopen voor aandacht! Laten we enkele basisdingen bekijken die een vrouw dringend moet veranderen:

De onzekere vrouw die denkt dat ze geen mooi lichaam heeft, geen mooi haar, een aantrekkelijke uitstraling of een goed gesprek. Wat haar ontbreekt is iets dat "impuls voor zelfvertrouwen" heet, wat kan worden verkregen via anderen, via therapie of via een eigen inkomen (geld), wat ook de oplossing is om dat lichaam te verbeteren door te sporten, dat haar te verbeteren met goede producten

bijvoorbeeld; zanglessen te volgen om die stem te verbeteren, te studeren, onderzoek te doen om altijd een goed gesprek te hebben!

Vandaag de dag zijn er op YouTube duizenden gratis tutorials over huidverzorging, haarverzorging, de stem.

De producten hoeven niet gekocht te worden, meestal hebben we ze al in huis.

En voor de inhoud van een goed gesprek zijn er duizenden interessante onderwerpen beschikbaar die kunnen leiden tot kennis en een goed gesprek.

De onzekere vrouw, die met anderen concurreert, die geen gebonden man of gelukkig stel kan zien zonder dat ze probeert de man van de ander te verleiden, omdat haar plezier ligt in vernietigen in plaats van haar eigen wereld creëren. Wat haar ontbreekt, is een mooi leven, vol met activiteiten die haar goed doen, want ze weet waarschijnlijk niet eens wat ze leuk vindt, ze weet niet of ze van blauw of groen houdt, licht of donker, dik of dun.

Het doet er allemaal niet toe, want ze wil alleen wat anderen hebben. Wanneer een vrouw zich zo gedraagt, zegt ze eigenlijk het volgende: Ik ben niet te vertrouwen, ik werk niet samen met andere vrouwen, ik heb geen principes, ik heb geen houding, ik ben niet uniek, ik ben jaloers, ik verafgood mannen en steun het patriarchaat. Ik ben niet eerlijk, niet tegenover anderen en niet tegenover mezelf, ik vecht niet voor mijn eigen dingen, ik ben egoïstisch en ik wil niets weten over het verbeteren van de wereld; ik draag bij aan hun zich aanbeden voelen.

Als velen hem willen en verlangen, waarom zou hij dan in hemelsnaam van maar één vrouw zijn? Begrijp dat de vrouw met haar houding (zonder na te denken) bijdraagt aan het idee dat de man zich een God voelt?

Ze draagt ertoe bij dat hij zich gedraagt alsof hij zijn partner niet nodig heeft. Laten we niet vergeten dat ze dachten dat vrouwen geen hersenen hadden, en velen denken dat nog steeds!

Hij doet dingen die laten zien dat het hem niets kan schelen, omdat er altijd iemand anders op hem wacht, ergens op de hoek, omdat hij geweldig is!

De man gedraagt zich als God omdat hij zichzelf al als God beschouwt sinds zijn kindertijd.

Hij is van nature onzeker en in sociale situaties hebben sommige vrouwen niet de houding van "ik ben voldoende en het maakt me niet uit wat de ander heeft." En dan willen ze trouw eisen van hun partner, hoe?

Dit is geen kwestie van preutsheid, of om je te verbergen in een boerka en onzichtbaar te zijn, maar om te begrijpen dat deze specifieke houding van niet goed onderzoeken van je potentiële partner. Niet zeker weten of hij al in een relatie zit, en een houding aannemen van "ik wil niet wat in beslag wordt genomen door de wens van een andere vrouw, "problemen vermijdt en voorkomt dat ze het mannelijke aanbiddings-model onderschrijft.

Men kan zeggen:

"Ach! Maar het probleem ligt niet bij de vrouw die verleidt, maar bij de man die zich geweldig voelt!"

Grote misvatting! De man heeft geleerd groots te zijn sinds het prille begin van het menselijk bestaan, en dit wordt hem vanaf jonge leeftijd ingeprent. Hij gaat niet veranderen omdat jij dat wilt! Hij zal doorgaan met zijn drang om koning te zijn, vooral als vrouwen hem daarbij helpen.

Wij zijn het die, als vrouwen, zijn vleugels moeten knippen door ons te verenigen en ons gedrag te veranderen! De waarde van de vrouw moet door haarzelf worden gemeten! Dit moet door anderen worden bevestigd.

De waarde van vrouw zijn, moeder zijn, rechtvaardig en eerlijk zijn, sterk zijn, handelen volgens goede principes, het juiste kiezen, weten te kiezen, weten te integreren, zacht zijn, een partner zijn, het vrouwelijke deel met meesterschap doen, is de zekerheid hebben dat ze belangrijk is en dat de wereld in haar handen ligt. Het is de keuze van de vrouw wie blijft en wie wordt verwijderd, wat de wereld waarin we leven bepaalt. Dat alleen al bevestigt haar

kracht om zich zeker te voelen en haar essentie te verdedigen!

Vrouw! Herken en omarm je kracht!

Wanneer een vrouw haar waarde kent, laat ze zich niet kleineren, accepteert ze niet minder, wil ze niet wat anderen hebben, is ze blij voor anderen, helpt ze, verkoopt ze zich niet voor minder en weet ze zeker dat haar waarde hoog is.

Haar kracht bepaalt wat wel of niet in de wereld blijft.

Ze is gelukkig met haar vrouwelijkheid, houdt van de delicate vrouwelijke dingen, accepteert en waardeert ze, en weet dat de wereld zonder die dingen een ruwe, ouderwetse en harde plek zou zijn.

Ze weet da de schoonheid, zachtheid en charme die ze bezit de wereld mooier maken.

De wereld wordt hard, lelijk en zwaar, en soms zelfs ziek, en sterft zonder vrouwelijkheid. Denk hier eens over na! Wanneer een vrouw haar waarde erkent en zich verbindt met andere vrouwen, verbetert ze de wereld, omdat ze de man laat zien dat hij niet alles is en dat zij rechten heeft, en dat die moeten worden gerespecteerd. Voor de onzekere vrouw die verloren is, die haar relaties met mannen niet kan begrijpen, raad ik een boek aan dat mijn kijk op romantische relaties heeft veranderd. Het boek heet "Why men marry bitches" van de auteur Sherry Argov. Dit boek zal precies uitleggen hoe je met mannen moet omgaan, het is de bijbel voor vrouwen.

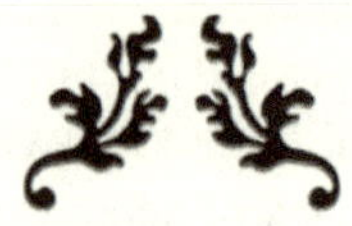

Kennis delen is de enige
manier om wijs te worden

Hoofdstuk 9

De school

Een instelling met de kracht om de wereld te verbeteren, maar die in veel gevallen tijd en leven verspilt! Daar waar we leren; optellen, aftrekken, vermenigvuldigen en delen, maar ook over geschiedenis, wetenschap, communicatie, wiskunde en veel noodzakelijke dingen.

Is het ook een plek van rivaliteit tussen kinderen.

Wie is de beste leerling van allemaal?

Daar waar iedereen uitstekend zou moeten zijn, want iedereen is er om te leren. Het doel van de plek is om de leerling te laten leren, dus het neemt niet van de één weg om aan de ander te geven, want iedereen heeft het nodig. Ik geloof dat scholen op zo'n manier kunnen worden gestructureerd dat degenen die moeite hebben met bepaalde onderwerpen en vakken vanaf het begin psychologische begeleiding krijgen om hun talenten te ontdekken.

Alleen dan zal er niet die enorme druk zijn om beter te zijn dan de ander. Het is een plek waar we leren samenleven met anderen, vriendschappen sluiten, waar ons ik leert delen, samenwerken, integreren, luisteren naar andere perspectieven, begrijpen dat ons getal 8 miljard is (we hebben allemaal hetzelfde getal omdat er altijd iemand voor ons is die meer nodig heeft).

Daar leren we veel waardevolle dingen, maar we ervaren ook veel slechte dingen zoals pesten, gevoelens van ontoereikendheid, hulpeloosheid, domheid, eenzaamheid... Ik denk dat de school alerter zou moeten zijn, vooral in de eerste leerjaren, om dergelijk gedrag dat voortkomt uit het samenleven met anderen te identificeren.

Het is niet genoeg om alleen les te geven; er moet ook steun worden gegeven aan de ouders.

Op school zou psychologie een vak moeten zijn, net zoals kinderen en adolescenten door psychologen zouden moeten worden begeleid.

Bovendien zouden de psyché, het Oedipuscomplex en verschillende zeer belangrijke concepten van de psychoanalyse moeten worden onderwezen, zodat deze jongeren, wanneer ze op een dag volwassen worden, bijvoorbeeld weten dat een niet goed opgelost Oedipuscomplex in de toekomst ernstige problemen zal veroorzaken.

Want kennis over mentale gezondheid tijdens de schooltijd is essentieel om het ook te voorkomen. Dit zou een onderwerp zijn voor leerlingen halverwege de basisschool.

Het gedrag moet altijd gebaseerd zijn op samenleven met anderen.

Ik denk dat er iets extra's ontbreekt op school, iets zoals: We zijn gelijk; geen enkel type is beter dan het andere (man-vrouw).

We moeten elkaar helpen, activiteiten ondernemen die mensen samenbrengen en niet verdelen, of die hen aanzetten om boven anderen te staan. Veel van onze trauma's ontstonden daar, waar onze ouders niet waren en we ons alleen voelden in een interne strijd om ons staande te houden in nieuwe en verwarrende situaties.

Naar mijn mening is de school een instelling die niet volledig effectief is omdat haar belangen beperkt zijn.

Kinderen moeten leren, de leraren moeten lesgeven, maar de leerlingen moeten zich verbeteren in zowel de

pedagogische en leerzame lessen als in hun sociale ontwikkeling.

De sociale ontwikkeling wordt overgelaten aan de kinderen als een taak die ze moeten doorstaan en waarin ze zelf succes moeten behalen. Het lijkt positief om een kind los te laten in deze nieuwe wereld, zodat het stappen zet in de richting van anderen en sociaal contact legt.

Iets onschuldigs, maar ik denk dat er momenten kunnen zijn waarop het niet volledig in staat is om dat helemaal alleen te doen.

Wat ik wil zeggen, is dat psychologische begeleiding op school een vast onderdeel zou moeten zijn.

Waarbij de leerlingen elke dag begeleid worden in hun sociale problemen en innerlijke ontwikkeling op basis van goede concepten en principes.

Niet alleen psychologisch, maar ook filosofisch en pedagogisch, samenwerkend om goede burgers te vormen. Een goede burger is iemand die een gelukkige jeugd heeft gehad. Een gelukkige jeugd wordt bereikt wanneer ouders emotioneel gezond zijn, weten wat hun doel is en precies weten hoe ze een kind moeten opvoeden, door geven en ontvangen (inclusief liefde) in balans te houden.

Een goede burger kan in een groep leven en denkt niet alleen aan zichzelf, omdat hij leert dat tegen deze waarden ingaan zinloos is.

De school moet een verlengstuk van de familie zijn en niet alleen iets leren aan het kind om zich te professionaliseren en in de toekomst te werken. We zien ook een heel tegenstrijdig probleem op scholen.

We zien kinderen die elk jaar worden overladen met moeilijkere en complexere onderwerpen.

Ze worden overladen met vakken die zelden in het volwassen leven gebruikt zullen worden.

Belachelijk! Ik begrijp dat het een grote uitdaging is om een kind aan het studeren te krijgen, en dat om het in een ritme en met orde en focus te houden, het nodig is om de moeilijkheidsgraad op te voeren, en dat het positief is

om ze te trainen om te leren, maar het probleem is dat het te zwaar, saai, ingewikkeld en stressvol is geworden.

Het kind wordt overladen met informatie door zoveel te luisteren, te lezen, en te moeten bewijzen dat het heeft geleerd, vaak alleen om goede cijfers te halen, en het onderwerp snel te vergeten.

Zoals al gezegd, jongens zouden lessen moeten krijgen in; timmeren, ruimtes en huizen schilderen, een huis ontwerpen, meubels monteren, dansen, het fornuis schoonmaken, koken, een kledingkast in elkaar zetten, een huis schoonmaken, een bed opmaken.

Kleding opvouwen, koken, kortom, praktische dingen voor het dagelijks leven. Ze zouden lessen moeten krijgen in het vasthouden en verzorgen van baby's, het verzorgen van planten en dieren, EHBO, en simulaties van huishoudelijke ongelukken en ongevallen op straat.

Schooltoneelstukken zouden over dit soort leerervaringen moeten gaan en niet alleen over sprookjes of Shakespeare.

Meisjes zouden bijvoorbeeld dingen moeten leren die bij meisjes horen, zoals naaien, breien, koken, mode, make-up en alles wat bij de vrouwelijke wereld hoort (naar mijn mening zijn deze activiteiten een belangrijk onderdeel van de vrouwelijke wereld en versterken ze het vrouwelijke). Ze zouden ook enkele mannelijke vaardigheden moeten leren, zoals een gat boren met een boormachine, een lamp vervangen; solidair zijn met elkaar door activiteiten die de vrouwelijke broederschap en groep versterken, activiteiten die hen in situaties brengen waarin ze elkaar beschermen en waarin het succes van de ander hun eigen vreugde is.

"Wat een prachtig breiwerk!
Het mijne ging mis!
Ik zal het je leren! Je steekt de draad zo en doet het zo, kijk!
Ik begrijp het...
Kijk, het jouwe wordt ook prachtig."
Zowel jongens als meisjes zouden lessen moeten krijgen over het omgaan met geld. Eens werkte mijn dochter

van 17 jaar enkele uren per week. Toen ze 18 werd en voor het eerst alleen met haar vriendinnen op reis ging, wist ze niet hoe ze haar geld moest sparen of hoe ze haar inkomsten en uitgaven moest plannen.

Ik maakte een model, schreef het op en legde uit hoe het werkte. Stel je eens voor hoe interessant het zou zijn om lessen te hebben over hoe je geld verdient, hoe het groeit als je het niet uitgeeft, hoe je berekeningen maakt. Als ik 1000 verdien, moet ik 200 betalen voor huur, 200 voor eten, 200 voor huishoudelijke kosten, 200 voor vrije tijd, en ik kan 200 sparen.

Thema-lessen over geld sparen (bordspel over onroerend goed). Hoe geweldig zou het zijn om hen te leren altijd wat opzij te zetten, niet te consumptiegericht te zijn, dingen te waarderen die geen geld kosten, zoals picknicken (buitens huisles picknick; iedereen vindt dit leuk!).

Terwijl ze opgroeien, in plaats van diepgaande wereldwijde economie te leren, wat belangrijk is, leren ze hun inkomsten in de toekomst te diversifiëren.

Bijvoorbeeld door te investeren in aandelen, in huizen, en in het algemeen, in plaats van ingewikkelde en saaie wiskunde.

De talenten van deze kinderen aan te spreken door middel van lessen en opdrachten waarin ze een bedrijfsmodel moeten creëren om geld te verdienen.

In de economische lessen zou het kind een soort virtuele schoolbank moeten hebben om te leren sparen. Aan het eind van het jaar zouden bijvoorbeeld honderd gespaarde euro's meetellen als een eindtoets.

Naast het terugkrijgen van hun geld, zouden ze ook extra punten behalen, en het beste van alles: ze groeien op met het besef dat sparen erg goed is. Ik weet het niet, maar het lijkt erop dat dit schoolsysteem ons voorbereidt om, zoals eerder gezegd, de meerderheid slaafs te houden binnen het systeem.

In mijn generatie was dat zo, en nu, in de generatie van mijn dochter, ook.

Ik zie deze kinderen zonder ambitie, apathisch, geïndoctrineerd om voor anderen te werken en zo het fundament te leggen voor dit systeem waar sommigen veel hebben en velen weinig.

Natuurlijk, als iemand een specifieke affiniteit voor geneeskunde heeft, zal dat zowel bij biologie als natuurkunde op school opvallen. We hebben mensen nodig in alle vakgebieden, maar hoeveel talenten worden niet herkend omdat hun talent nooit aangeraakt werd om te kunnen bloeien? Daarom geloof ik dat studie in boeken en toetsen niet voldoende is, je moet talent aanboren, en dan zal het bloeien.

Dit kan worden gedaan door stimulerende lessen te geven op alle mogelijke gebieden: lessen in een dokterspraktijk, een laboratorium, een sterrenkundecentrum, een autorace, een vliegtuig, een ziekenhuis, een school (leraar voor een dag zijn), zanglessen, danslessen, yoga, meditatie, atletiek, schilderen en beeldhouwen...

Afgezien van het leren, stel je eens voor hoeveel levenslust deze kinderen zouden krijgen door zich te vullen met interessante activiteiten.

De vreugde van leren verandert wanneer het interessant en plezierig is.

Kinderen zijn hongerig naar kennis, maar niet alleen door boeken en verplichtingen, maar ook door te begrijpen hoe het volwassen leven functioneert.

Dit brengt orde in de samenleving omdat het hen op één lijn brengt en hen hongerig naar kennis houdt totdat ze weten wat hun talenten en pad zijn om te volgen, een richting.

We zien vaak jongeren van 18 jaar die niet weten wat ze willen studeren of welke carrière ze willen kiezen. Natuurlijk! Dit kind is nooit diep geraakt in de ziel om te ontdekken op welke gebieden het uitblinkt, waar zijn hart sneller van gaat kloppen, en heeft die zachte aanraking thuis noch op school gehad.

In plaats van deze talenten te ontwikkelen zien we onderwerpen in de wiskunde die nooit gebruikt zullen worden, geschiedenis van landen die overdreven gedetailleerd zijn, evenzo gedetailleerde aardrijkskunde, wetenschappen, natuurkunde en scheikunde...

Als een leerling bijvoorbeeld geen affiniteit heeft met astronomie, waarom wordt hij dan gedwongen om natuurkunde te leren, of beter gezegd, de diepgang van de natuurkunde?

Als hij geen affiniteit heeft met wiskunde, geen talent voor berekeningen, en nooit in dit vakgebied zal werken, waarom wordt hij dan gedwongen om de meest gekke en ingewikkelde formules van dit vak te leren? Als de leerling geen affiniteit heeft met laboratoria, wetenschappen, en het ontdekken van ziektes en genen, waarom dwingen we hem dan om de diepste scheikunde-formules te leren?

Als de leerling geen affiniteit heeft met de geschiedenis van onze voorouders en het verleden, waarom wordt hij dan verplicht om diepgaand te leren over dat verleden?

Deze verplichting ontneemt en vernietig het plezier dat een kind kan inspireren. Weinigen leren en volgen van nature studies die deel uitmaken van hun talenten.

Deze kinderen en hun ouders weten van jongs af aan al waar ze naartoe willen, maar voor de meesten van ons is dat niet zo.

Om talenten te stimuleren en naar buiten te brengen, is hulp nodig van de opvoeders en de school.

Inspiratie komt voort uit ontspannen momenten.

Het tegenovergestelde is het geval; ontspanning is minimaal of bijna afwezig op school.

Deze ontspanning zou voortkomen uit yogalessen, meditatie, en plezierige activiteiten zoals de hierboven beschreven simulaties, in de serieuze sfeer van de instelling. Het doel van school zou moeten zijn om de functie van de leerling te ontdekken en hem niet 18 jaar te belasten om het nooit te ontdekken. Wat we zien, is een verplichting om hoge cijfers te halen, goede resultaten in ingewikkelde

vakken die zelfs voor een volwassene met een volledig ontwikkelde hersencapaciteit moeilijk te begrijpen zijn.

Zo komen we bij het collectieve egoïsme dat is ingebed, en de school die bewust of onbewust steun geeft aan
dit systeem dat een mens vormt om aan zichzelf te denken.

Het lijkt alsof we allemaal slapen, "slapend" door het
leven gaan, en niet zien wat er voor onze ogen gebeurt.

Deze instellingen volgen dit model meedogenloos en
blijven mensen vormen die niet weten wie ze zijn, wat hun
waarden en talenten zijn, gestrest zijn en opgroeien zonder
te weten waarom ze er zijn en waar ze naartoe gaan. Een
systeem dat de miljardairs, eigenaren van bedrijven en
enorme fortuinen begunstigt.

Deze kinderen die niet weten waar ze naartoe moeten,
zonder te ontdekken waarvoor ze geboren zijn of wat ze
goed kunnen, zullen zeker werken voor deze bevoorrech-
ten, die precies weten waar ze naartoe gaan.

En hen daarboven aan de top van de piramide houden,
precies het tegenovergestelde van wat we willen.

Omdat we gelijkheid, rechtvaardigheid, broederschap,
het welzijn van de wereld willen, we willen zijn wie we echt
zijn op het diepste niveau van ons wezen, omdat dat ons
gelukkig en tevreden maakt met onszelf, en op die manier
een krachtige maatstaf hebben om met kracht te groeien
en te geloven in een waardig leven.

Dit vormt ook een volwassene die niet anderen hoeft
neer te halen om te hebben. Je plek begrijpen geeft zelfvertrouwen, en zelfvertrouwen is gewoon alles wat nodig is om
een schone en gezonde samenleving te vormen.

Hoofdstuk 10
De natuur

We zijn zo egoïstisch, We zijn absurd egoïstisch!

Met de natuur is het niet anders.

We overtreden de wetten van de natuur en betalen daar een hoge prijs voor.

Egoïsme tegenover de natuur zien we wanneer iemand afval, plastic in zee gooit, op het strand, door het raam van de auto, wanneer we ons er niet om bekommeren; wanneer we bijvoorbeeld olie en ander keukenafval door de gootsteen gooien, wanneer we ons afval niet scheiden, wanneer we de Amazone binnendringen en het kloppende hart van de wereld meedogenloos ontbossen.

Wanneer we meer consumeren dan we nodig hebben, zoals het bezitten van twee, drie of dertig auto's voor persoonlijk gebruik.

Wanneer we ons niet inzetten voor gemeenschappen die flora en fauna beschermen, de dieren, het ijs van de noorden zuidpool van de aarde; wanneer we ons niet actief zorgen maken over de opwarming van de aarde, wanneer we ons er niet om bekommeren een leefbare planeet achter te laten voor degenen die blijven.

Eenvoudige handelingen kunnen de koers die we volgen veranderen.

Denk eens na, hoeveel kost het je om gebroken glas of glas in het algemeen te scheiden en niet in de natuur te gooien? Weet je hoelang het duurt voordat het afbreekt? Niet heel lang (sarcasme), antwoord: een miljoen jaar. Hoeveel kost het om een plastic fles te scheiden of in de vuilnisbak te gooien in plaats van in het water of in de natuur? Weet je hoelang het duurt voordat hij afbreekt? 450 jaar.

Lijst met afbraaktijden van de belangrijkste producten:

Kranten - 2 tot 6 weken;

Papieren verpakkingen - 3 tot 6 maanden;

Lucifers en sigarettenpeuken - 2 jaar;

Kauw - 5 jaar;

Nylon - 30 jaar;

Flessendoppen - 150 jaar;

Aluminium blikjes - 200 tot 500 jaar;

Piepschuim - 400 jaar;

Plastic - 450 jaar;

Gewone wegwerpluiers - 450 jaar;

Glazen (een miljoen) - 1.000.000 jaar.

Hoeveel moeite kost het om één keer in je leven een boom te planten? Wat kost het om te weten waar je kunt planten en dat te doen met het doel zuurstof voor de planeet te produceren? Hoeveel moeite kost het om geen olie door de gootsteen te gooien?

Bekijk de informatie die op internet is gevonden:

Wist je dat wanneer het in de rivieren terechtkomt, het de toegang van licht en zuurstof kan belemmeren, die essentieel zijn voor bepaalde aquatische soorten?

Aantrekking van ongedierte:

Een van de problemen bij het lozen van gebruikte olie in gootstenen, afvoeren of toiletten is de ophoping van vet in het rioleringssysteem. Deze ophoping trekt ongedierte aan dat ziekten zoals cholera, hepatitis, en leptospirose kan verspreiden en zowel mensen als dieren kan aantasten.

Verstopping van het riool:

De olie die zich vasthecht aan de leidingen kan ook de doorgang van regenwater blokkeren en verstopping van het riool veroorzaken waardoor de werking van waterzuiveringsinstallaties wordt belemmerd bovendien zijn de producten die worden gebruikt om verstoppingen te verhelpen niet alleen economisch kostbaar, maar veroorzaken ook extra vervuiling.

Dood van aquatische soorten:

Zoals eerder vermeld, kan olie die in rivieren en meren terechtkomt de doorgang van licht en zuurstof in het water belemmeren, waardoor de dood van soorten zoals algen, ook wel bekend als fytoplankton, wordt veroorzaakt. Deze algen produceren zuurstof en dienen als voedsel voor andere aquatische organismen.

Schadelijke effecten op de bodem:

Bovendien kan het ook de bodem aantasten. Of het nu via waterbronnen of via afvalverwerking op vuilnisbelten terechtkomt.

Olie kan de bodem verontreinigen, worden opgenomen door planten, grondwaterlagen vervuilen en de bodem ondoordringbaar maken, wat bijdraagt aan de vorming van overstromingen. Alsof dat nog niet genoeg is, produceert het tijdens de ontbinding methaangas (CH_4), dat sterk bijdraagt aan de opwarming van de aarde. Begrijp je nu waarom het zo belangrijk is om aan de natuur te denken wanneer je je olie weggooit?

Hoeveel kost het je om alleen te kopen wat je nodig hebt en de buitensporige hoeveelheid afval te verminderen die ontstaat door overconsumptie en het weggooien uit pure hebzucht en een zwak ego dat gevuld moet worden met spullen(in plaats van principes) om zich rustig te voelen.

We leven op een planeet met een natuur die karakter heeft!

Dit betekent dat de natuur haar bevolking laat genieten van al haar overvloed, maar wel met zorg en respect.

Ze zegt ons voortdurend: gebruik me en geef terug! De hele tijd. Wanneer we niet teruggeven, betalen we een hoge prijs;

>> tsunami's, aardbevingen, vloedgolven, zware regenval, vulkaanuitbarstingen, overstromingen, aardverschuivingen, extreme hitte en kou, enzovoort.

Hoe lang hebben we nog nodig om te stoppen met het maken van verkeerde keuzes?

Hoeveel doden en verwoestingen zijn er nodig om te stoppen met het vernietigen van de planeet? En dan hebben we het nog niet eens over de grote bedrijven die de bodem ontbossen op zoek naar edelstenen, ijzer, koper...

Denk maar aan het geval van de stad *Brumadinho* in Brazilië, overstroomd in januari 2019 door pure nalatigheid en totaal gebrek aan respect voor de natuur en de mensen, bekijk de zaak opnieuw, volg de link:

https://www.bbc.com/news/business-55924743

Wij maken ons geen zorgen! We herinneren ons pas iets dat hierop lijkt wanneer er een tragedie gebeurt. Toch hebben we geen kracht om te vechten tegen dit imperium van machtige mensen die de wereld beheersen en meer van de planeet halen dan ze zouden moeten, geld verdienen dat generaties lang niet zal worden uitgegeven. De hebzucht is zo groot, maar zo groot, dat het iedereen blind maakt. Blind is degene die meer wilt, blind is degene die zwijgt terwijl hij ziet dat een ander veel meer heeft dan nodig is. Hoe kunnen we klagen als we thuis en in ons leven hetzelfde doen? Niemand zal luisteren, weet je waarom? Omdat er geen wezenlijke interesse is om voor de planeet te zorgen. Iedereen is alleen maar bezig met zijn eigen leven. Er blijft geen tijd over om aan de ander te denken en hoe die achterblijft nadat wij er niet meer zijn.

We denken: dat is onzin!

Laat degenen die verantwoordelijk zijn voor de natuur er maar voor zorgen! Laat de politici wetten maken en de natuur beschermen, en op deze manier zorgt niemand!

"Ik ga toch dood!"

Een ander aspect hiervan is dat de natuur in verbinding staat met zichzelf.

Ooit las ik het boek *"Het geheime leven van bomen"* van auteur Peter Wohlleben.

In dit geweldige boek kun je begrijpen hoe ze met elkaar praten, elkaar beschermen, zich verbinden en zelfs conflicten hebben.

De natuur reageert en heeft een kracht die we niet lijken te kunnen zien of horen, maar ze zendt geluiden naar elkaar uit en heeft net als wij een leven. Het is echt een misdaad om een boom te doden, want volgens dit boek voelt hij, krijgt rimpels, veroudert en heeft zelfs conflicten met andere bomen die zijn ruimte binnendringen! We horen ze niet, maar we weten dat ze op onze daden reageren.

Wanneer we ze zon, water en aandacht geven, leven ze en vermenigvuldigen ze zich.

Als we dat niet doen, sterven ze en lijdt alles. Dit alles naast het contact dat de mens met de natuur verloren heeft door een ongebreidelde ontwikkeling. We zijn het contact kwijt met de basis, het begin, toen manieren werden gevonden om te leven en te herleven.

Na talloze situaties van vallen en opstaan heeft de natuur oplossingen gevonden om in leven te blijven en haar essentiële wezens voor het voortbestaan te verspreiden. We moeten dichter bij de natuur komen, al is het alleen maar om ervoor te zorgen dat ze niet volledig wordt vernietigd.

We hebben alleen zuurstof en deze plek om te wonen dankzij de natuur. We moeten voor haar zorgen met liefde en respect en onze rol spelen door minder egoïstisch te zijn.

Hoofdstuk 11
Zelfkennis

Een zeer belangrijke kwestie op weg naar een betere en gezondere wereld is kennis.

Niets kan productiever zijn dan jezelf, de natuurwetten, de wetten van de liefde, de kosmische wetten, de wet van wederkerigheid en de wetenschap te kennen...

Zonder te weten hoe alles werkt, de mensen, de dynamiek achter relaties, creëren we problemen puur uit onwetendheid.

Daarom ben ik van mening dat scholen niet alleen zaken moeten onderwijzen die bruikbaar zijn in het volwassen leven, maar vooral ook filosofie, psychologie en kwantummechanica.

Deze vakken leren ons hoe we met anderen kunnen samenleven.

Eigenlijk, als we dieper ingaan op de kern van onze levens, draait alles om het kunnen samenleven met anderen.

Op scholen zou wekelijks les moeten worden gegeven in meditatie en contact met jezelf, met je eigen essentie, gevolgd door algemene kennis, waaronder boeken en discussies over hoe het samenleven kan worden verbeterd door middel van menselijke psychologie, filosofie en hun meest geweldige ideeën en concepten.

Stel je scholen voor met lessen waarin discussies gaan over boeken en onderwerpen zoals narcisme, de relaties met ouders, mensen, de daden en lessen van grote leiders zoals Martin Luther King, Gandhi, racisme, samenwerking, een vervuld leven, mentale ziekten

Stel je opstellen en toetsen voor waarin leerlingen modellen moeten creëren voor verbeteringen in de wereld. Een kind staat te popelen om te leren en te creëren. Stel je voor dat een kind leert mensen te respecteren, opgroeit met waarden en principes die hen ertoe brengen om goed te doen, om menselijk en empathisch te zijn.

Thuis en op school zouden kinderen vanaf jonge leeftijd moeten leren zichzelf te kennen: wie ben ik? Wat zijn mijn eigenschappen? Hoe ben ik vanbinnen?

Ben ik een deel van de wereld of is de wereld een deel van mij? Leren al vroeg deze zoektocht naar kennis te beginnen.

Een kind leert veel van zijn ouders, maar door zijn interactie met andere kinderen en mensen neemt het ook veel op, want veel van wie we zijn, is op school gevormd.

Daarom moet deze school een aanvulling op het gezin zijn. Ik geloof dat de huidige schoolbasis op dit vlak tekortschiet.

Oh, maar dat moeten de ouders doen! De school heeft al een overvolle agenda! Mee eens! Maar de school is overvol omdat het zich richt op het verdiepen van vakken die in het volwassen leven niet toepasbaar zijn.

Als er geen vakken en onderwerpen zouden zijn die nooit gebruikt zullen worden, zou er veel ruimte en tijd zijn om te investeren.

Ik denk dat dit tijdverlies ongekend is, maar zoals al eerder gezegd, het enige plausibele doel is kinderen te maken die geen kennis hebben van zichzelf, die niet weten wat ze leuk vinden en waarvoor ze geboren zijn.

Iedereen wordt geboren met een specifiek talent, en zo zullen ze, eenmaal volwassen, gedwongen worden te werken voor degenen aan de top van de piramide, omdat als we niet weten wie we zijn, we gedwongen worden degenen te volgen die hogere overlevingsniveaus hebben bereikt en die goed weten hoe ze degenen moeten gebruiken die niet begrijpen wie ze zijn.

Denk aan hoe perfect dit model is voor degenen die aan de top staan. Het kennen van wie we zijn, brengt ons in contact met onze essentie, daar liggen onze levensdoelen.

Hoeveel volwassenen weten het minimale niet?

Velen, wanneer ze het woord kwantummechanica horen, schrikken alsof de ander over een onderwerp spreekt dat alleen een 'meester' van de mensheid zou kunnen bespreken. Zoals iemand die deze planeet heeft verlaten en als half alien terugkeerde, pratend in een Grieks-alien dialect. Hoeveel van ons volwassenen hebben nog nooit gehoord van psychologische onderwerpen zoals het Oedipuscomplex, het Castratiecomplex, die essentieel zijn om de dynamiek en ontwikkeling van de mentale structuur van een persoon in de toekomst te begrijpen?

Een onderwerp van de menselijke psychologie dat vanaf jonge leeftijd zou moeten worden onderwezen, is hoeveel een gezonde scheiding van je ouders je toekomst ten goede kan komen en je tot een individu maakt. Hoeveel volwassenen weten niet dat meditatie de menselijke geest voedt? Dat circuits in de hersenen hierdoor worden geactiveerd en verbeterd? Dat deze rustmomenten, net als slaap, essentieel zijn om richting en inzichten te krijgen? Hoeveel van ons weten niet hoe ze met anderen moeten omgaan, niet begrijpen waarom bepaalde dingen ons overkomen, niet weten hoe we in een gemeenschap moeten leven en het geheel niet begrijpen?

Hoeveel van ons hebben geen idee wat het betekent om vader of moeder te zijn van een kind en beseffen niet dat de fouten van deze opvoeding zich zullen verspreiden naar de rest van de wereld? Stel je ouders met een diploma voor! Ja, een diploma moeder!

Een diploma vader! VOORDAT!

Voordat je een kind krijgt, getraind worden in het zijn van een levende moeder en een aanwezige vader! Dit zou verplicht moeten zijn aan het einde van de middelbare school, zodat deze wereld stopt met het spelen van 'huisje' en serieus gaat nemen dat een kind geen speelgoed is om te kijken hoe het zich ontwikkelt Een groot deel van ons leven wordt gestuurd door fouten en frustraties, omdat ons de basiskennis ontbreekt.

Deze basiskennis wordt gevuld met absurde berekeningen, diepe onderwerpen die totaal geen nut hebben in het volwassen leven.

Maar die het eigen vermogen van deze mensen ontnemen.

Omdat die stress, die paniek voor goede cijfers, dat onderwerp, die zware en moeilijke kwestie de plaats inneemt van het hebben van contact met zichzelf, met hun ware zelf, met de echte vervulling van het wezen.

Dat wat echt essentieel is, wordt opgevuld door saaie lessen en absurde, moeilijk te begrijpen onderwerpen.

We hebben het gehad over het belang van een verandering op school.

Maar wat te zeggen over de volwassenen die al zijn gevormd? Hoe kunnen we verbeteren wat al jarenlang is gedaan en geleverd? Het is nodig om te stoppen met lui zijn en te lezen!

Video's bekijken die het wezen doen evolueren, boeken lezen die de kennis in alle gebieden vergroten.

Het brein is een plek zonder grenzen en bevat een hele levensduur aan leerstof.

We moeten elke dag streven om te leren. Kennis komt wanneer je besluit om te willen kennen. Doe de volgende test: Sluit je ogen en zeg vanuit de grond van je hart:

"Vanaf vandaag wil ik alle inhoud ontvangen die er is om te leren, over werkelijk alles."

Binnen een paar dagen zal er een video verschijnen, je zoektochten op internet zullen gericht zijn op kennis, en artikelen, boeken, alles wat je wenst, zal op je pad komen. Doe het gewoon en vertel me daarna!

Het is geen magie, hekserij, wet van aantrekkingskracht, positieve affirmaties, *'whatever'*...

Het is echt! Kennis komt wanneer we stoppen ervoor weg te rennen. Wanneer we het diep verlangen, verschijnt het op onvoorstelbare manieren.

Nadat ik besloot te leren en te blijven leren, kwamen de meest bijzondere boeken naar me toe, presenteerden de leraren zich met hun geweldige inhoud, artikelen, video's en cursussen waarvan ik niet eens wist dat ik ze kon volgen, kwamen naar mij toe.

Ze verweefden zich met mijn wens en kwamen eenvoudigweg in mijn leven. Je kunt de wereld om je heen niet leven en transformeren zonder kennis of met oppervlakkigheden. Het is nodig om te lezen en te luisteren naar de wijzen, degenen die ons voorgingen, want degenen die eerder handelden, hebben krachtige aanwijzingen over hoe we zouden moeten handelen. Kennis is te vinden in de psychologie, filosofie, geschiedenis en vele andere disciplines.

De kennis waar ik het over heb, is die ons naar binnen leidt, die de ziel vervult en ons bevrijdt van eenzaamheid.

Je bent niet alleen; je hebt een basis van wie je hebt besloten te zijn door de geadopteerde principes.

Principes moeten worden verworven en bestudeerd.

Wanneer we ons erin vullen, weten we precies waar we naartoe willen. Omdat we een basis hebben, een kompas dat ons leidt naar handelingen volgens die concepten en principes die met de ziel zijn verweven, en die het diepste zelf vormgeven, ten goede of ten kwade!

Een kind dat geweld, trauma, diefstal, bedrog, liefdeloosheid, vernietiging heeft geleerd en ervaren, zal een volwassene worden met die principes.

Degenen die principes van samenwerking; vertrouwen in mensen, denken aan het geheel hebben geleerd, zullen met die basis opgroeien en zo zijn. Wanneer iemand geen idee heeft van wat een principe is, wanneer deze niet door

ouders, leraren of de nabije gemeenschap wordt meegegeven, wanneer men zonder enige richting leeft, leiden de resultaten tot mensen die verdwaald zijn, niet weten wat ze met hun leven aan moeten; er zijn geen parameters. Van tijd tot tijd lijden ze onder de tegenslagen en ondermijningen van het leve. Omdat dat genadeloos is en hen zal tonen dat ze, door gebrek aan principes en criteria, de gevolgen zullen ondervinden.

Klachten bij God hebben geen zin! God zal bezig zijn met andere zaken.

Het is onze verantwoordelijkheid om ons te richten op onze essentie (het ware, pure zelf), naar binnen te kijken en dan te weten welke richting te volgen. De beste manier om in lijn te komen met goede principes is de ander te zien als een primair principe, want via de ander kiezen we wat we willen en wat we niet willen zijn. In de meest naakte en ruwe zin van het woord zijn we het resultaat van wat we van anderen hebben overgenomen om onszelf te vormen.

Het is van groot belang om de ander te zien als een spiegel van wie ik ooit zal zijn of van de eigenschappen die ik wil hebben. Wat ik niet wil zijn, zal ik niet binnenin mezelf bewaren.

Als een persoon ervoor kiest om een broederlijk persoon te zijn, is dat zijn basis.

Wat er ook gebeurt, die keuze zal bepalen wie hij is, net als degene die kiest om egoïstisch te zijn.

Daarom is het zo belangrijk om, wanneer we kinderen hebben, het belang te beseffen van wie wij zijn en welke keuzes ons hebben gemaakt tot wie we zijn; dit zijn dezelfde keuzes die het kind zullen beïnvloeden en het onze blauwdruk zullen maken. Precies gelijk!

Nogmaals de vraag:

Wat geef en laat ik achter voor de wereld? Laat ik iets goeds en vruchtbaars achter of iets slechts en verrot? Als ik alleen meeneem wat er in mij zit, is datgene dat ik meeneem waardevol?

Hoofdstuk 12
Lijst van wat wel en niet kan voor een rechtvaardigere wereld.

Laten we nu naar een bijna laatste en praktisch deel gaan in het leren over hoe samen te leven met anderen zonder conflicten.

Hier zullen we een aantal vormen zien van wat wel en niet kan volgens mijn visie op het leven met anderen.

Ik wil er graag meer opsommen of misschien ben ik er enkele vergeten. Dat maakt niet uit; de gedachtegang is wat telt. "Denken aan de ander is de basis" en de reden voor deze lijst. Iedereen zou zijn eigen lijst moeten hebben, want ik wil niet dat je dit kopieert; het is een model, mijn manier van leven. Het is wat ik heb geleerd en leer aan mijn dochter. Wat staat er op jouw lijst, wat leer jij je kinderen? Sommigen zullen deze lijst geweldig vinden, denken: "dit doe ik al," "dit vind ik goed," terwijl anderen geraakt zullen worden in hun egoïsme, het er niet mee eens zijn en zich aangevallen voelen.

Aan hen zeg ik: het gaat over, het is een noodzakelijke schok. Het doel is ook om te laten zien dat bepaalde daden niet gericht zijn op het collectief. Herinner je de tien geboden van de Bijbel?

Hier, in dit boek, worden ze vermenigvuldigd, en net als in de Bijbel brengen ze waardevol leven voor ons allemaal. Zo denk ik, zo leef ik, en zo probeer ik te blijven.

"Soms moet je het uittekenen, dus laten we dat doen."

Lijst van wat wel en niet kan voor een rechtvaardigere wereld:

- Je mag geen kind krijgen en het dan in de steek laten;
- Je mag geen kind krijgen zonder het de beste principes van samenleven te leren. Als je niet weet wat die zijn, zoek ze op of lees filosofieboeken;
- Je mag niet doden, stelen of mensen bedriegen;
- Je mag geen afval op de grond gooien. Afval hoort in de prullenbak;
- Je mag anderen niet kleiner maken;

"als je het leven van een ander niet kunt verbeteren, zwijg dan;

- Je mag jezelf niet zo speciaal vinden dat je anderen buitensluit en handelt zonder rekening te houden met anderen en de gevolgen;
- Je mag geen zonen opvoeden zonder ze te leren hun intieme delen goed schoon te maken;
- Je mag niet schreeuwen op straat.

"Andere mensen leven ook op deze planeet. Het bevorderen van rust en vrede is een verantwoordelijkheid van iedereen, en er zijn geschikte plaatsen en momenten om af en toe even los te gaan";

- Je mag geen psychische problemen hebben zonder hulp te zoeken; *we zijn allemaal slachtoffers.*

Als de zieke zelf niet bewust is, moeten zijn ouders hem naar behandeling sturen, ook al is hij 50 jaar. Zijn verantwoordelijkheid ligt bij zijn ouders! De wereld is niet de schuldige; we zijn allemaal slachtoffers van elkaar en van alles;

- Je mag niet op straat lopen zonder kleding, dat wil zeggen zonder enige kleding.

We zijn niet meer in het tijdperk van "Adam en Eva", en velen voelen zich ongemakkelijk bij de lichamen van anderen als die volledig bloot getoond worden;

- Je mag geen dieren of mensen mishandelen;
- Je mag geen kind krijgen als je een 'dode moeder' bent;
- Jongeren mogen ouderen niet respectloos behandelen of hen kleineren;
- Ouderen mogen hun hiërarchie niet gebruiken om jongeren te kleineren of respectloos te behandelen;
- Je mag niet alles wat in je opkomt zomaar zeggen, zonderterughoudendheid of respect. Je moet voorzichtig zijn met hoe je je waarheden overbrengt aan andere!;
- Je mag jezelf niet altijd als slachtoffer zien. Alsof je altijd de 'zielige' bent.

"We zijn allemaal slachtoffers".

Slachtofferschap hoort bij narcisten, psychopaten en mensen met een borderline-persoonlijkheidsstoornis, zijleven in een zekere psychose, tussen fantasie en werkelijkheid. "Gezonde mensen begrijpen dat zich voordoen als slachtoffer betekent dat men zichzelf beter en waardiger wil voelen dan anderen. Slachtofferschap plaatsen betekent jezelf een niveau boven de anderen stellen, en dat past niet als we begrijpen dat iedereen het slachtoffer is van iedereen en alles om hen heen";

- Slachtoffers van rampen en oorlogen, ze zijn echte slachtoffers die collectieve karma's dragen; we moeten echte slachtoffers helpen. (Collectief = probleem van iedereen)
- Je mag je eigen belangen niet boven die van anderen stellen;
- Je mag je niet overal zomaar mee bemoeien; dat betekent je begeven waar je niet bent uitgenodigd;
- Je mag niet eten en etensresten op de grond of uit het raam van de auto gooien;
- Je mag niet gewoon televisiekijken terwijl andere huisgenoten aan het werk zijn. Bied ten minste je hulp aan en werk samen;
- In huis geldt: als je het aanzet, zet het dan uit; maak schoon als je iets vies maakt; leg dingen terug op hun plaats nadat je ze hebt gebruikt;

- Magische woorden; moeten net zo vaak worden gebruikt als de lucht die we inademen.

Ze zijn: alsjeblieft! Sorry! Bedankt!

- Ga niet naar iemands sociale media om negatief commentaar te geven. Jouw smaak is jouw zaak, maar het huis is van de ander;

Sociale media zijn het huis van die persoon. Daar laat je geen vloeistoffen op de vloer vallen, je betreedt geen slaapkamers en opent geen laden. Je gedraagt je netjes en houdt je smaak voor jezelf als die verschilt van de eigenaar van het 'huis'.

- Laat je dieren niet onopgevoed (als ze onopgevoed zijn) op bezoekers springen. Als je je dier niet kunt trainen, roep dan geen gasten op bezoek.

Een ander is niet verplicht om te houden van wat jij leuk vindt, zelfs niet als het jouw huis is.

Als je ervan houdt om bijvoorbeeld door je hond overal gelikt te worden, prima, maar andere mensen in de wereld hoeven dat misschien niet prettig te vinden;

- Stuur niet voortdurend berichten naar mensen, weet wanneer je moet communiceren, let op hoe de ander reageert; de antwoorden van iemand geven aan hoe die persoon graag communiceert. Wees niet opdringerig!

- Als je een bedrijf hebt en iets via internet of sociale media wilt verkopen, gebruik je gezonde verstand. Mensen zijn niet verplicht om jouw constante promoties en producten in hun feeds te zien.

Je moet een unieke en persoonlijke aanpak hebben voor velen;

- Als man raak je geen vrouwen aan die niet expliciet hebben aangegeven dat ze aangeraakt willen worden. Raak alleen diegenen aan waar je zeker van weet dat het toegestaan is; vraag desnoods; *"Mag ik je hier aanraken?"*

- Als je een relatie hebt die serieus is, zoals een vaste relatie of huwelijk, geef dan geen hartjes aan andere vrouwen of mannen op sociale media zonder duidelijke grenzen. De vrouw of man die dit ontvangt, kan dit opvatten als een

overdreven blijk van interesse. Weet hoe je interactie aangaat zonder verwarring te zaaien;

- Bemoei je niet met de gesprekken van anderen en geef geen mening als deze niet is gevraagd;
- Bemoei je niet met andermans discussies, zeker niet met die van je ouders;
- Luister niet achter deuren of op andere plekken naar de gesprekken van anderen;
- Spreek niet kwaad over de andere ouder tegen de kinderen; als je niets goeds kunt zeggen, zwijg dan;
- Wanneer je op bezoek bent bij iemand, leg je voeten niet op hun bank. Als je in het huis woont en dat mag, controleer dan of je voeten schoon zijn;
- Vraag, indien mogelijk, of je iemand mag bellen voordat je belt.

Soms heeft die persoon een probleem en kan jouw telefoontje alleen maar storen;

- Laat het toilet zo schoon of schoner achter dan toen je het binnenkwam, zonder sporen van gebruik.

Het is mogelijk om snel schoon te maken met zeep en wc-papier, de wastafel met papier droog te maken en de wc-bril schoon achter te laten. Als het toilet al vuil is, probeer dan geen extra rommel te maken en laat de verantwoordelijke weten dat het niet schoon is. Zorg ervoor dat de wc-borstel schoon blijft. Dit betekent dat je, na het reinigen van het toilet, ervoor zorgt dat er geen sporen van gebruik zijn. Met vloeibare zeep kun je schuim maken door snel cirkelvormige bewegingen te maken en door te spoelen totdat alles schoon is. Dit moet ook aan kinderen worden geleerd;

"Als iedereen dat deed, zou dat geweldig zijn!." "Als we deze dingen in de wereld zien, is het nodig om te praten, tekenen, na te bootsen of soms sarcasme te gebruiken, om misschien te zien of de dingen veranderen!"

"Ah, maar dat kun je niet in een boek zeggen! Ik begrijp het, leven in fantasie en het ontkennen van de werkelijkheid ook niet! We moeten meer willen oplossen dan vasthouden aan bepaalde concepten!"

- Was je handen na een toiletbezoek;
- Vraag, als het even kan, geen spullen te leen, maar als je dat doet, zorg dan dat je het geleende in dezelfde staat terugbrengt. Leen je bijvoorbeeld een auto, vul dan ook de benzine weer aan;
- Wacht je beurt af om te spreken als iemand anders praat;
- Zorg ervoor dat je een zakje meeneemt om de uitwerpselen van je hond op te ruimen tijdens; het uitlaten. De wereld hoeft niet op te draaien voor jouw keuze om een huisdier te nemen;
- Als je katten hebt, zorg dan voor een bak met zand of kattengrind in huis anders zal hij het bij de buren doen en zij zijn niet verantwoordelijk voor jouw keuze, en de overlast van jouw kat;
- Gedraag je stil tijdens het reizen. Weinig is zo irritant als een reis vol kabaal, waarin je ook nog wordt gedwongen om gesprekken van onbekenden te horen. *"Ah maar ik hou van ik wil nieuwe vrienden maken." Houd in dat geval je stem zo zacht dat anderen kunnen slapen;*
- Bedank altijd voor een cadeau en maak nooit hatelijke opmerkingen over cadeaus van anderen;
- Roddelen is niet nodig. Werk liever aan je eigen leven in plaats van over het leven van anderen te praten;
- Neem je grote hond niet zomaar mee naar iemand anders' huis. *Soms wil de gastheer niet onbeleefd zijn en accepteert hij het uit beleefdheid. Een huisdier is iets persoonlijks, net zoals ondergoed; dat leg je ook niet op iemands eettafel. Als het een barbecue is op een groot erf of op het strand waar het dier kan spelen en de gastheer het uitdrukkelijk wil, is het prima, maar bied het niet zelf aan;*
- Claxonneer alleen in noodgevallen. Hier in Nederland is het verboden en je krijgt een boete als je zomaar claxonneert. De wereld hoeft niet te luisteren naar dat geluid de hele tijd! Volg ook de verkeersregels, ze zijn er om

orde te houden. *"Als iedereen dat zou doen, zou dat geweldig zijn!"*

• Doorzoek andermans telefoon niet zonder toestemming;

• Als je in een relatie bent, zet dan geen wachtwoord op je telefoon en geef je partner toegang; dat toont vertrouwen;

• Luister naar mensen die er eerder waren dan jij, of die meer kennis hebben over bepaalde onderwerpen;

• Leer om op een rustige toon te praten. Mensen luisteren beter als onze stem evenwichtig is;

• Corrigeer het gedrag van je kind wanneer het een fout maakt, vooral als dat ten koste gaat van anderen;

• Vermijd het gebruik van grove taal. Als dat niet mogelijk is, zorg dan dat je alleen bent;

God kan zijn oren sluiten, maar anderen hoeven niet blootgesteld te worden aan jouw woede en gescheld;

• Word niet ontevreden en scheld niet als de ander niets te maken heeft met wat jou boos maakte. Dat is egoistisch! De wereld is je niets verschuldigd! Als iemand je eerder heeft uitgescholden, probeer je terug te trekken – dat is echt de beste keuze;

• Laat je niet corrumperen, verkoop je persoonlijke waarden niet voor oppervlakkige zaken, situaties of tijdelijke genoegens;

• Verwacht niet dat iemand anders je komt redden, red jezelf!

• Wees niet afhankelijk van anderen die zichzelf redden om jou ook te redden en je vervolgens mee te trekken waar jij bent. Wens liever dat de ander zich redt, dan kan diegene je redden (als ze dat willen);

• Verwen baby's en kinderen niet te veel, ze kunnen verslaafd raken aan aandacht en moeite hebben met het woord "nee", en kunnen narcistisch gedrag ontwikkelen. Er moet een middenweg zijn;

• Wees niet te kil, hard, afstandelijk, gewelddadig of te controlerend naar baby's en kinderen. Anders kunnen ze

onevenwichtig worden, afhankelijk gedrag vertonen, of in de toekomst narcistische en psychopathische neigingen ontwikkelen

- Laat kinderen nooit alleen, vooral geen baby's. Nooit!
- Laat het kind niet alleen na een traumatische gebeurtenis, want dan kan het trauma op een negatieve manier geïnternaliseerd worden;
- Vind een middenweg in de omgang met jezelf dit bedoel ik;

"alles doen voor anderen en jezelf vergeten, net zoals alleen aan jezelf denken, is schadelijk voor jou en voor de gemeenschap."

- Leer wat de zeven hoofdzonden zijn:

gulzigheid, lust, hebzucht, hoogmoed, luiheid, afgunst, woede, en besef dat deze zonden leiden tot ongeluk. Met andere woorden: eet niet te veel, verlang niet te veel naar seks (als dat nodig is, zoek hulp), streef niet overmatig naar geld en macht, wees niet arrogant door jezelf boven anderen te plaatsen, wees niet lui, kom in beweging, wees niet jaloers op anderen. Wat van jou is, is uniek, net zoals dat van de ander uniek is; laat je niet beheersen door woede of opstandigheid;

- Schreeuw niet tegen je kind, en ook als kind schreeuw niet tegen je ouders. Schreeuwen is niet nodig; probeer te communiceren zonder te schreeuwen;
- Wees redelijk, kalm, eerlijk, goed, duidelijk en eenvoudig;
- Wees de vrede die de wereld zoekt;
- Wees het evenwicht dat zich verspreidt;
- Wees de kracht in je leven;
- Wees een goede boom met goede vruchten;
- Vul jezelf met goede principes;
- Wees origineel;
- Respecteer de wetten:

>> Dwing niemand tot seks.

>> Sla niemand. (misdrijf van geweld).

>> Houd je aan de verkeersregels, inclusief fietspaden en vaarwegen.

>> Seksueel misbruik is verboden, zowel op het werk, thuis, online, op straat als elders. (misdrijf van intimidatie)

>> Seks hebben met kinderen is verboden (misdrijf van pedofilie).

>> Het is verboden om opgewonden te raken door foto's van naakte kinderen.

>> Ga niet zomaar andermans huis binnen. (misdrijf van huisvredebreuk);

• Leef in gemeenschap met anderen.

• Wees altijd positief. Zelfs in de moeilijkste situaties worden we gezegend met lessen;

• Wees dankbaar, wees nederig, maar laat je niet vernederen;

• Wees compleet. Niemand is jouw andere helft, je bent al compleet.

"Anderen zijn slechts spiegels van onszelf, aanwezig om ons te helpen onze identiteit te vormen";

• Droom niet alleen, houd je voeten op de grond;

• Help altijd waar mogelijk. Helpen verrijkt de mens, omdat het hem de waarde van nuttig zijn geeft;

• Verspreid goedheid, gerechtigheid, orde en harmonie;

• Onderhoud vriendschappen;

• Luister naar anderen; Spreek alleen wat nodig is;

• Leer over alles wat binnen je bereik ligt. Zelfs op hoge leeftijd kunnen we nog leren. Lees en leer;

• Wees proactief, onafhankelijk, en streef naar vooruitgang;

• Werk voor je eigen levensonderhoud;

• Spaargeld, leer te besparen, en leer kinderen dit ook vanaf jonge leeftijd;

• Verlang niet naar wat van anderen is – niets van een ander is echt voor ons bedoeld;

• Wees goed, wees van goede wil;

• Leer voor eens en voor altijd je excuses aan te bieden en de schade die je anderen hebt aangedaan te

verminderen, ongeacht of het een vader, moeder, kind, vriend, buurman, enz. is. Verlaat dit leven niet terwijl je iemand iets schuldig bent!

- Weet wat misbruik is en laat het nooit toe;
- Heb bewustzijn, zoek ernaar;

Als we eenmaal een model
vinden dat voor iedereen
bevredigend is, en als iedereen
(of de meesten) het volgen, dan
zullen we een wereld met een
betere betekenis hebben.

Hoofdstuk 13

Een oproep aan alle vrouwen

We zijn aangekomen bij de afsluiting, die meer betrekking heeft op de titel van dit boek, en hier wil ik alle vrouwen oproepen om hun kracht en de kracht van het vrouwelijke te bewijzen.

Als vrouw heb ik ervaren dat er binnen in mij een extra kracht huist, een instinct, een weten, een stem – iets dat misschien niet heel helder is, maar waarvan ik weet dat het bestaat, een kracht die kan creëren, absorberen en bijna magisch alles kan veranderen. Door mijn levenservaringen ben ik gaan inzien dat deze kracht vaak genegeerd werd.

Maar na verloop van tijd, door verschillende gebeurtenissen in mijn leven, realiseer ik me nu dat die kracht, ondanks dat hij grotendeels terzijde is geschoven, er nog steeds is en leeft, en altijd aanwezig is geweest.

Pijn, offers, verlies, teleurstelling, ontkenning en onderdrukking hebben ons ertoe gebracht deze kracht te negeren en te onderdrukken. Onze voorouders en alles wat ons is overkomen hebben ons het contact met deze kracht ontnomen, de kracht die het wezenlijke van de schepping zelf is.

De kracht om te creëren! De kracht om te veranderen! De kracht om richting te geven! De kracht om te voeden! De kracht om een bron van leven te zijn!

De tijd is aangebroken voor een nieuwe geboorte, een nieuw leven! Het is tijd om de mannen te laten zien dat hun macht verzwakt is zonder de samenwerking met vrouwen. Ze moeten opnieuw leren dat zonder de samenwerking met vrouwen hun werk onvolledig blijft.

De feministische beweging is al enige tijd gaande met deze bedoeling.

Maar ik wil vrouwen aanmoedigen zich te verenigen, elkaar op te zoeken om sterker te worden; om te praten over hun zwakheden, overwinningen, vreugdes, pijnen, uitdagingen en doelen, zodat een nieuwe manier van leven kan ontstaan!

Het doel van deze gemeenschap is om de weg naar het licht, groei en menselijke evolutie opnieuw te ontdekken.

Door ons met elkaar te verbinden, kunnen we de wanorde herstellen, alles wat verstoord is rechtzetten en waarden en concepten heringetreden waarvan we weten dat ze essentieel zijn voor een goede ontwikkeling.

We zijn **experts in het creëren**. Onze lichamen weten hoe ze moeten verbinden, vormen, voeden en laten groeien! Het is tijd om opnieuw contact te maken met die drijvende kracht van creatie en die te gebruiken voor ons planeet.

Ik wil hiermee zeggen dat we een krachtige eenheid kunnen vormen om het seksisme narcisme en patriarchaat te bestrijden, niet alleen aanwezig bij mannen, maar ook bij ons vrouwen, want deze gewoonten infiltreren steeds dieper in onze vrouwelijke essentie.

Deze invloeden nemen catastrofale proporties aan en we zien dit om ons heen in ons dagelijks leven. Kijk om je heen, en je zult zien hoe deze culturen zich uitbreiden en ongeluk brengen.

Onze levens worden beheerst door het patriarchaat. Seksisme heeft ons gedwongen onze kracht te onderdrukken en narcisme verspreidt zich in een razend tempo, waardoor het leven een strijd wordt, terwijl het een zegen zou moeten zijn.

Mijn voorstel is dat wij, samen, een pact van loyaliteit sluiten met als doel deze wereld opnieuw op te bouwen en een betere wereld te creëren, om die aan onze kinderen na te laten. Wij kunnen dit doen door een wereldwijde gemeenschap van vrouwen te vormen die een lijst van verplichtingen volgt, zoals:

• Zorgen voor de planeet;

• Zich verbinden met andere vrouwen, ondersteunen, zorgen, helpen;

• Nee zeggen tegen seksisme;

• Nee zeggen tegen narcisme;

• De man van een ander niet begeren;

• Geen afwezige moeder zijn;

• Zich inzetten om een betrokken moeder te zijn;

• Geen enkel misbruik van een man of van wie dan ook accepteren;

• Zich inzetten om constant te leren en op de hoogte te blijven van wat er gebeurt om te kunnen inspelen op de behoeften in de strijd tegen het patriarchaat;

• Vrouwelijk zijn en inspiratie zoeken bij andere vrouwen.

Hieronder bekijken we hoe we dit in de praktijk kunnen brengen:

<u>Zorgen voor de planeet</u>

Wij zorgen voor de planeet wanneer wij voor onszelf zorgen.

Wanneer wij vriendelijk en behulpzaam zijn, ons verenigen, vrouw blijven, zachtheid tonen en zachtheid geven. Wij zorgen voor de planeet door ons als vrouw te gedragen.

Vrouw zijn is zacht zijn, flexibel, vriendelijk, bedachtzaam, welbespraakt, goedhartig en diep gevoelig voor het kwaad en egoïsme, en deze bestrijden met het moederlijke instinct om voor onze naasten te zorgen. Vrouwen weten te verzorgen, te ordenen en zich in te zetten om onze planeet te genezen en de chaos aan te pakken.

Hoe doen we dit?

Door ordelijk en met liefde voor mensen, dieren en planten te leven, en binnen onze mogelijkheden te organiseren wat mogelijk is.

Wanneer we in onze huizen beginnen en voor onszelf, onze kinderen, onze planten en dieren zorgen dan zorgen we voor de planeet omdat we daarmee een last minder voor de wereld creëren.

Onze taak wordt vervuld, we verminderen het leed in de wereld en geven een voorbeeld aan anderen.

Wanneer wij kinderen opvoeden met goede principes, zullen zij minder problemen veroorzaken, en de wereld zal ons dankbaar zijn.

Wanneer wij onszelf positioneren als vrouwen die respect en waardigheid verdienen en niet toestaan dat anderen ons kleineren, dan zorgen we voor de planeet, omdat we benadrukken dat we allen één zijn.

Wanneer wij onze vrouwelijke kracht in zijn puurste essentie laten stralen, accepteren we geen vuil, geen lelijkheid, geen onbeleefdheid of ruwheid.

Dit zal een weerspiegeling vinden op de planeet, en als ieder zijn of haar deel doet, ontstaat er een kettingreactie die zal leiden tot meer orde en een mooi en waardig leven. Voor je huis zorgen is zorgen voor de planeet! Onkruid verwijderen is zorgen voor de planeet! Schoonmaken is zorgen voor de planeet! Letten op verspilling en vervuiling is zorgen voor de planeet! Zorg dragen voor je omgeving is zorgen voor de planeet! Zelfs iemand zonder veel middelen kan schoon zijn! Door het voorbeeld aan onze kinderen te geven, leren zij ook voor de planeet te zorgen. Door ervoor te zorgen dat onze partners actief deelnemen aan dit proces, zorgen wij voor de planeet!

Verbinden met andere vrouwen, ondersteunen, zorgen, helpen, luisteren

Wij verbinden ons met vrouwen door hen te steunen, hen sterker te maken en te zorgen voor hen die zwakker zijn, zodat zij ook datgene bezitten wat wij bezitten.

Wij bieden hulp door aandacht te geven aan degenen die onze kracht, onze woorden en onze liefde nodig hebben. Dit kunnen we bereiken door eerst zelf volle vrouwen te worden, met sterke ego's. Een sterk ego kent geen jaloezie, en vreest niet dat een ander meer heeft; het voelt vreugde wanneer een ander meer heeft, omdat het tevreden is met zichzelf en met wat het heeft.

Om dit te bereiken, moeten we eerst die vrouw zijn. Dat zullen we doen door therapie en door ons gekwetste ego te helen, door andere vrouwen te zoeken die naar ons willen luisteren, ons willen omarmen, en ons het beste gunnen.

Op deze manier verwijderen we alles wat niet tot onze essentie behoort.

Nee zeggen tegen seksisme

Seksisme is een gedrag dat gelijkheid van sociale omstandigheden en rechten tussen mannen en vrouwen afwijst.

Het is een mening of houding die de gelijkheid afwijst, omdat de eigenschappen van de mannelijke persoon als beter worden beschouwd en daarmee macht en mannelijkheid uitstralen ten opzichte van vrouwen en hun vrouwelijkheid.

Seksisme manifesteert zich in verschillende situaties en problemen, zoals; hoge percentages geweld, intimidatie, en verkrachting, objectivering van vrouwen, loonverschillen

Het bevoordeelt het mannelijk geslacht ten koste van het vrouwelijke. Het is een onderdrukking van vrouwen door mannen.

In dit geval moet de vrouw zich niet gedragen en niet verlangen dezelfde rechten te hebben als een man die haar beschouwt als inferieur op fysiek, intellectueel, en sociaal vlak.

Seksisme is diepgeworteld in de huidige samenleving: in de economie, politiek, religie, familie, media, enz.

We zeggen nee tegen seksisme wanneer we dit model niet accepteren! Een man kan zorgdragen voor het gezin en toch de vrouw met gelijkwaardigheid behandelen.

Het feit dat hij voorziet, maakt hem niet beter; zijn werk is niet groter dan dat van een vrouw.

Het is aan de vrouw om zijn kinderachtige pogingen te weigeren om zich als koning of 'de baas' op te stellen, door constant klaar te staan voor de confrontatie die dagelijks zal komen, zowel openlijk als bedekt.

Lees de kleine tekst in de onderstaande afbeelding:

Het is niet genoeg om alleen te werken, te lijden, te strijden en te vechten voor onze eigen rechten als vrouwen; we moeten meer doen. We moeten waakzaam blijven voor elke vorm van seksisme die opduikt.

Alleen op deze manier zullen we een krachtig front vormen met een drijvende kracht die deze cultuur kan blokkeren, die erop staat ons recht om te zijn en te hebben te ondermijnen.

We zeggen nee tegen seksisme wanneer we niet minder accepteren, wanneer we eisen wat goed is voor ons ook.

Wanneer we niet toestaan dat ze op ons leunen, op ons werk, op onze liefde.

We zeggen nee wanneer we ons bij andere vrouwen aansluiten en hen verdedigen, wanneer we mannen niet toestaan zich superieur te voelen.

Wanneer we onze zonen leren dat we gelijkwaardig zijn met verschillende lichamen, wanneer we hun gedrag in de gaten houden en zelfs de kleinste of bijna onzichtbare kansen aangrijpen om hen te laten zien dat we geen domme wezens zonder hersenen zijn. Want elke keer dat ze zich superieur gedragen en wij niet protesteren, is dat precies hoe we worden gezien. We zeggen nee wanneer we disrespect, ontrouw, leugens of bedrog niet tolereren.

We zeggen nee wanneer we niet bang zijn om alleen te zijn, wanneer we eisen wat we verdienen, als we ons herinneren en weten dat we hele mensen zijn! We zullen niet sterven als we geen man hebben! Mannen weten dat ze alleen kunnen leven en overleven, ze zijn daar zeker van en vrezen het niet, omdat ze hier zelfverzekerd in zijn, gesterkt door vrouwen die hun zekerheid aan hem geven door angst voor eenzaamheid te tonen.

Mannen zijn zeker van hun broederschap en hebben een "extra" zekerheid, een "kaart achter de hand." Hun zelfvertrouwen wordt versterkt door de onzekerheid die vrouwen projecteren wanneer ze bang zijn om alleen te zijn.

Het is deze angst die hen voedt, die hen het gevoel geeft dat ze alles kunnen en overal overheen kunnen lopen.

Wanneer ze dat deel van onze zekerheid niet meer hebben, worden ze zwakker en worden ze gedwongen toe te geven dat alleen zijn niet zo aangenaam is als het lijkt.

Dus, wat gebeurt er? Bingo! Ze doen een stap terug!

Daarom moeten wij, als vrouwen, leren van onszelf te houden en accepteren dat, zelfs als we geen man aan onze zijde hebben, we voor onszelf kunnen zorgen en gelukkig kunnen zijn, met of zonder man. Ah! Hier wordt het interessant!

Ze ontnemen de gedachte dat we hulpeloze slachtoffers zijn, dat we wanhopig een man of kinderen nodig hebben, dat het doel van ons leven is om een gezin te stichten of incompleet te zijn! Wat een enorme misvatting!

Het is goed om een gezin te hebben. Het is bevredigend om kinderen te hebben, maar het is nog beter om goed behandeld en met waardigheid behandeld te worden.

Als ik om een man en kinderen te hebben mijn waarden als vrouw moet opgeven, dan heb ik ze niet nodig. Wanneer we niet zwichten en spelen zonder bang te zijn te verliezen, wat gebeurt er dan? Bingo, weer! Ze nemen stappen terug en gedragen zich met respect en gelijkwaardigheid. Weet je waarom? Net zoals wij een idee van veiligheid in een gezin hebben en dat verlangen, willen zij zich ook veilig voelen. Iedereen wil dat; het trucje is dat zij goed kunnen doen alsof, maar ze houden van het gezinsleven. Degenen die het tegendeel beweren, liegen tegen zichzelf. Nu, raak niet in de war!

Het is één ding om het vertrouwen te hebben dat je niet zult sterven als je geen gezin vormt, en het is iets anders om wel of niet een gezin te willen.

Een gezin willen is geweldig, maar met waardigheid behandeld worden is nog beter.

Willen we een gezin waarin we zullen worden geminimaliseerd of waarin we onze waardigheid verkopen?

Dat is het probleem.

We zeggen nee tegen seksisme wanneer we ons op gelijke voet plaatsen, en dat zit in de kleinste dingen tot de grootste, zoals het verdelen van taken, geld, het zorgen voor kinderen, vrije tijd, salarissen en behandeling. Het is geen eenvoudige taak, maar met de hulp van anderen is het mogelijk.

<u>Nee zeggen tegen narcisme.</u>

Narcisme is een term die is overgenomen uit de Griekse mythologie door Freud in de psychologie om een

menselijk gedrag te beschrijven. Laten we kort de mythe van Narcissus bekijken.

De mythe:

Volgens Ovidius was Narcissus een jongen die buitengewoon mooi was. Zijn ouders waren de god van de rivier, Cephissus, en de nimf Liríope. Voor zijn geboorte besloten zijn ouders het orakel Tiresias te raadplegen om te weten wat zijn lot zou zijn. Het orakel openbaarde dat hij een lang leven zou hebben, zolang hij zijn eigen gezicht nooit zou zien. Narcissus groeide op en werd een knappe jongeman uit Boeotië, die liefde opwekte bij zowel mannen als vrouwen, maar hij was trots en arrogant en onbuigzaam voor anderen. Zelfs nimfen werden verliefd op hem, waaronder Echo, die onvoorwaardelijk van hem hield, maar hij minachtte haar.

De afgewezen meisjes riepen de goden aan om hen te wreken. Om de jonge, oppervlakkige man een lesje te leren, veroordeelde de godin Nemesis (hier als een aspect van Aphrodite) hem tot verliefdheid op zijn eigen spiegelbeeld in de vijver van Echo. Betoverd door zijn eigen schoonheid, legde Narcissus zich neer aan de waterkant en kwijnde hij weg, verliefd op zijn eigen spiegelbeeld.

Na zijn dood veranderde Aphrodite hem in een narcisbloem. We worden geboren met een zekere mate van narcisme. Volgens de psychoanalyse investeren we bij onze geboorte onze energie (libido) in onszelf.

Als baby's leren we in de baarmoeder in contact te komen met onszelf, want daar is niets anders dan wijzelf. Na de geboorte zijn we volledig gefocust op onze lichamen en hoe ze reageren. In een compleet nieuwe wereld leren we door te horen, te zien en aangeraakt te worden dat we niet alleen zijn. Eerder denken we dat onze moeder deel uitmaakt van ons lichaam, als een verlengstuk van onszelf.

In de verschillende fasen van onze ontwikkeling leren we ons los te maken van onze moeder en onszelf als een onafhankelijk en volwassen individu te vormen. We leren

dat we niet de enigen zijn en dat de samenleving van ons vraagt dat we niet alles krijgen wanneer we willen of hoe we willen. Narcisme wordt getemperd om in een groep te kunnen leven. Als alles goed gaat, zullen we anderen zien en streven naar liefde en een goed leven. Als de processen om een individu te worden echter ontsporen, kunnen we blijven steken, waardoor het narcisme ons vermogen om in een groep te leven belemmert, wat zowel voor onszelf als voor anderen moeilijkheden veroorzaakt. Zoals al uitgelegd, is narcisme op zich niet schadelijk; het zit in ons allemaal. Het probleem ontstaat wanneer het narcisme te veel of te weinig aanwezig is.

Alle situaties die in eerdere hoofdstukken zijn besproken, versterken narcisme en maken het pathologisch en schadelijk. Wat we tegenwoordig in de wereld zien, is een pandemie van egoïstische (narcistische) mensen die meer willen dan anderen, zonder rekening te houden met de gevolgen. We zeggen nee tegen narcisme wanneer we goede moeders zijn, wanneer we onszelf behandelen en helen, wanneer we zelfverzekerd en vrouwelijke vrouwen worden. We zeggen nee tegen narcisme wanneer we delen, wanneer we samenwerken met anderen, wanneer we begrijpen dat het de moeder is die het kind in de wereld zet en het vormt tot wat het moet zijn!

De vader speelt een belangrijke rol, maar het is de moeder die opvoedt; de grootste verantwoordelijkheid ligt bij haar. Volgens Sam Vaknin, een toonaangevende expert op het gebied van narcisme. Hij is Hoogleraar psychologie en tweemaal gediagnosticeerd met de narcistische persoonlijkheidsstoornis, en de bedenker van het "no contact" concept om los te komen van narcistisch misbruik is het de moeder die bijdraagt aan het ontwikkelen van de narcistische persoonlijkheidsstoornis bij haar kind.

Dit komt door het gebrek aan emotionele aanwezigheid; wanneer een kind niet van zijn moeder kan scheiden, blijft het psychisch kinderlijk. Narcisten kiezen dit niet bewust; ze overleven door zich te identificeren met de

afwezigheid van de moeder en internaliseren deze "black hole" in plaats van liefde, wat het ontwikkelen van een gezond zelfbeeld bemoeilijkt. Eigen bestaan in plaats van rouwen om het ontbreken van een moeder en een echt leven te leiden. Nee zeggen tegen narcisme betekent niet die dode moeder zijn en weerstand bieden aan de cultus van eigenliefde door te leren, te spreken, grenzen te stellen en de verantwoordelijkheid voor de toekomst van de planeet te begrijpen.

Wij, vrouwen, moeten ons verenigen en strijden tegen deze cultus, te beginnen door geen dode moeder te zijn, want hieruit ontstonden het patriarchaat, het seksisme en het kapitalisme. En nu vechten we bijna zonder adem tegen deze stroom van egoïsme die de wereld volledig heeft overgenomen.

We moeten bewust zijn, krachten bundelen en strijden!
<u>Geen man van anderen vrouwen willen hebben</u>.

In de tien geboden van de christelijke cultuur staat het gebod :

"Gij zult de vrouw van uw naaste niet begeren".

Dit gebod geldt zowel voor mannen als vrouwen. Wij zijn wezens vol verlangens! We hebben wensen waarvan we niet eens weten dat ze bestaan, en soms duiken ze op en verrassen ze ons door hun intensiteit en onbekendheid met ons onbewuste. Het kan gebeuren dat een verlangen zich manifesteert en "buiten onszelf" ontstaat, en zonder controle blijft, afhankelijk van de staat van ons ego.

Als we ons emotioneel zwak voelen, zal het verlangen zich uiten zonder te worden beheerst door een verzwakt ego en superego.

Zorgen voor je eigen ego is onze plicht! In een gemeenschap leven betekent leren anderen te zien, de keuzes van anderen te respecteren en zelf verantwoordelijk te zijn voor onze verlangens, om chaos te vermijden.

Chaos ontstaat wanneer we willen wat anderen hebben of meer willen dan anderen, wanneer er een gebrek aan evenwicht is.

Er zijn voldoende mannen en vrouwen in de wereld; er is geen tekort.

Iedereen kan iemand vinden die bij zijn of haar verlangens past.

Geen andere man willen betekent simpelweg begrijpen dat jouw verlangen niet strookt met de realiteit. Laten we ons herinneren dat ons ego het deel is dat in contact staat met de realiteit! Stel je voor dat we al onze onbewuste verlangens zouden bevredigen – er zou geen leven zijn, alleen vernietiging, omdat het onbewuste geen besef van tijd heeft, noch van goed of fout. Misschien denken we: "Ah! Maar ik wil alleen die specifieke persoon!" Ik ook, maar alleen als het Brad Pitt is!

Wat van ons is, is van ons!

Het belangrijkste, denk ik, is om geen huwelijken te vernietigen, geen problemen voor anderen te veroorzaken en te verlangen naar iemand die al een serieuze partner heeft. Dit vermindert ons eigen vermogen om zelf iemand te vinden. Ik heb geen interesse in iemand die al een partner heeft; het verlangen vervaagt op dat moment. Het is alleen aantrekkelijk als de volledige aandacht van de ander op ons gericht is. We willen uniek zijn, en het is juist het gevoel van speciaal zijn, dat het de moeite waard maakt. Als een relatie niet goed gaat, als er geen liefde meer is en het paar alleen maar problemen heeft, dan geloof ik dat ze eerst uit elkaar moeten gaan. Ik vind dat de wonden eerst moeten helen voordat je je weer met iemand anders inlaat. Het is pijnlijk voor jezelf om uit een serieuze relatie te stappen en direct weer een nieuwe relatie aan te gaan zonder eerst te herstellen, te rouwen en sterker terug te keren.

Dit concept wordt tegenwoordig als ouderwets beschouwd, omdat deze generatie van "alles kan" geen principes heeft, zichzelf niet verzorgt en van partner wisselt alsof er geen morgen is.

Dit maakt mensen leeg, verdrietig en verbitterd. Bovendien druist dit verlangen naar de partner van iemand

anders volledig in tegen het gemeenschapsleven en het denken aan anderen.

Dit geldt ook voor kleding, geld, bezittingen van anderen, enzovoort. Het jouwe is van jou!

We kunnen inspiratie opdoen van wat we zien, maar we moeten onze eigen uniciteit hebben.

Geen dode moeder zijn

Een dode moeder is een vrouw zonder licht, die fysiek aanwezig is, maar emotioneel afwezig voor haar kind.

Ze heeft haar vrouwelijkheid niet begrepen, haar kracht niet gevoeld, en is niet in staat om anderen te zien of is egoïstisch. Ze weet niet hoe ze een goede moeder moet zijn, is verloren en begrijpt haar verantwoordelijkheid voor de planeet niet. Ze kan geen goed werk leveren. Heeft misschien depressie, psychotische trekken, bewust of onbewust, lijdt aan een enorme pijn of leegte diep in haar ziel, een narcistische wond, heeft een psychische stoornis, bekend of onbekend, objectificeert mensen en kan niet de liefde geven die haar kind nodig heeft om later in het leven lief te hebben, helaas zou een vrouw als deze geen moeder moeten worden, omdat ze van haar kinderen problematische, narcistische of afhankelijke mensen maakt...

Voordat we kinderen krijgen, moeten we eerst weten of we gezonde of zieke mensen zijn.

Daarom heb ik in eerdere hoofdstukken benadrukte…

Hoe belangrijk het is dat scholen psychologische begeleiding hebben voor kinderen en dat dit een onderdeel wordt van het lesprogramma. Op die manier leren we op te groeien met een begrip van narcisme, complexe psychologische processen.

En hebben we, wanneer we volwassen worden, in ieder geval een basiskennis en het bewustzijn om hulp te zoeken als we ons binnen een problematisch spectrum bevinden.

Het is de verantwoordelijkheid van de vrouw om de wereld niet te verergeren door prototypes van zichzelf te creëren als ze ongelukkig, onvolwassen, leeg of gebroken is door de pijn die het patriarchaat heeft veroorzaakt.

Zich ertoe verplichten een "levende moeder" te zij

Levende moeder zet zich in om uitstekend werk te leveren, kent haar waarde, begrijpt dat haar vrouwelijke kracht bergen kan verzetten, heeft liefde in haar hart, deelt, repareert, ondersteunt, valt, staat op, houdt van, verzorgt haar eigen ego, ziet de wereld om haar heen, accepteert niet minder dan ze verdient, en wil haar kind echt laten leven. Ze geeft liefde aan dit kind en leert het dat pijn ons sterker maakt en dat, net zoals zij zelf heeft overleefd, het kind dat ook zal kunnen.

Geen misbruik door een man of iemand anders accepteren

De vrouw die dit niveau heeft bereikt, kan gelukkig leven omdat ze haar eigen waarde kent en alert is op elke vorm van misbruik. Niemand raakt haar zonder toestemming, ze accepteert geen denigrerende grappen, ze weet haar prestaties op waarde te schatten, en als het nodig is, leert ze wat nodig is om alleen of samen te leven. Ze is zelfverzekerd zonder zich beter te voelen dan anderen of anderen te vernederen.

Ze bezwijkt niet voor de grillen van een kinderachtige man, zorgt voor orde in huis en in haar leven!

Ze is altijd klaar voor elke poging tot misbruik die haar pad kruist, omdat ze haar eigen plek kent en weet hoe ze anderen hun plaats kan laten kennen.

Zich verplichten om constant te leren en alert te blijven op wat er gebeurt om de eisen tegen het patriarchaat te blijven bijwerken

Het is niet genoeg om dingen te weten; je moet blijven onderzoeken, in contact blijven, praten, ideeën ontwikkelen, verhalen leren kennen, gemeenschappen vormen en krachten bundelen om manieren te vinden om het patriarchaat tegen te gaan.

<u>**Vrouwelijk blijven en ons spiegelen aan vrouwen**</u>

Behoud je vrouwelijkheid en vrouwelijke essentie, wijk niet af. We hoeven geen mannen te worden om sterk te zijn! We hoeven geen ruwe handen, gespierde armen of een zware stem te hebben om onze doelen te bereiken, of zelfs hetzelfde te doen als zij. We kunnen innerlijk sterk zijn, onze vrouwelijke kracht gebruiken en onze vrouwelijkheid en zachtheid behouden.

We moeten ons spiegelen aan onszelf en onze grote prestaties.

Het voorbeeld zijn voor de ander!

Wanneer we het voorbeeld zijn, geven we subtiel de ander een hand.

Hoofdstuk 14
De Magie

Een hele tijd geleden, zo'n veertig jaar, hoorde ik de nonnen op de school waar ik studeerde vaak zeggen dat als er drie mensen samen aan het bidden waren, de Heilige Geest aanwezig zou zijn; alsof, wanneer de drie samen iets goeds wensten, dat ook daadwerkelijk zou gebeuren.

Later hoorde ik in lezingen van mijn "grootmeester" Hélio Couto dat het genoeg zou zijn als twaalf families zich verenigden om de wereld te veranderen.

Volgens hem zouden twaalf families die elkaar volledig ondersteunen, samenwerken, delen en elkaar helpen, de kritieke massa vormen die nodig is om een nieuwe manier van leven over de rest van de wereld te verspreiden. (Net zoals de twaalf apostelen). Nog een tijdje daarna hoorde ik over een stad, waar misdaad en geweld afnamen toen een boeddhistisch tempelgemeenschap zijn monniken opriep om te mediteren voor verbetering van die problemen. In de Verenigde Staten werd zelfs een experiment uitgevoerd waaruit bleek dat collectieve meditatie bijdroeg aan het verminderen van geweld. Lees in het volgende artikel hoe meditatie onze omgeving kan verbeteren;

Volg deze link:

https://verkenjegeest.com/de-effecten-van-collectieve-meditatie-op-desamenleving/#google_vignette

Het is moeilijk om te geloven in wat we niet kunnen zien, dat weet ik.

Maar we weten ook dat er dingen zijn die we niet kunnen zien die invloed hebben op andere dingen. Mijn voorstel aan vrouwen is om iets in deze richting te doen, om te bewijzen of we echt over deze kracht beschikken en de kracht van het matriarchaat uit te stralen, door ons te verenigen via een mantra die, zelfs over duizenden kilometers, ons zal verbinden en sterker zal maken om een nieuw tijdperk in te luiden.

Ik roep vrouwen op om een lied te beluisteren dat onlangs in mijn leven kwam en me betoverde met zijn zachtheid en het goede gevoel dat het oproept. Een nieuw begin. Het lied geeft een gevoel van magie, roept herinneringen op aan een oude tijd, een zich ontvouwende situatie en uiteindelijk een overwinning. Ik denk dat het goed past bij de inhoud van dit boek, vooral bij dit laatste deel van "oproep" en "magie," dat vooral de vrouwelijke kracht en de moeder in ons weer tot leven wil brengen. Ik roep vrouwen op om dit lied te beluisteren, hun ogen even te sluiten en te zeggen "ik verbind me met de vrouwen van de wereld" en zo te verlangen naar een koerswijziging voor onze wereld.

Voor degenen die dit lied niet prettig vinden of zich er niet mee verbonden voelen, is het ook mogelijk om iets anders te luisteren dat hen ontspant, maar met dezelfde intentie en woorden, zodat we samen iets doen dat ons verbindt.

Download de QR-code met jou telefoon camera om het te beluisteren op de Spotfy-app. Het lied heet; **"Alvae"** van **Adrian Von Ziegler**

Let op:, als je geen betaald account hebt kan het zijn dat er eerst een ander nummer wordt afgespeeld, controleer of het nummer **Alvae** heet.

We kunnen onze beweging op deze manier beginnen, maar we kunnen ook duizenden andere manieren creëren om ons op dit niveau te verenigen.

Ik heb ook de vrijheid genomen om een Instagram-account aan te maken; **@unitedwomenconnect**, wat betekent "verenigde vrouwen verbinden zich," om deze beweging te starten en ruimte te geven aan onze ideeën.

Alle suggesties en ideeën zijn welkom!

Volg de link:

https://www.instagram.com/unitedwomenconnect/

We kunnen onze beweging bijvoorbeeld beginnen door een foto te maken met de woorden;

"Ik verbind me" geschreven op onze linkerhand en de pagina te taggen met hashtags zoals #ikverbindme (zie de eerste foto op Instagram **@unitedwomenconnect**).

We kunnen de meest geweldige ideeën bedenken om meer vrouwen aan onze kant te krijgen. Het ergste wat kan gebeuren, is dat deze beweging niet de spirituele kracht heeft die ik hoop, en dat er niets verandert, maar het kost ons niets om het te proberen.

Ik hoop dat dit boek je heeft geholpen om inzicht te krijgen, dat het je heeft geïnspireerd en dat je een onweerstaanbare drang hebt gevoeld om deel uit te maken van een nieuw tijdperk, een nieuw concept, en dat we samen een betere wereld kunnen creëren en iets betekenisvols kunnen brengen voor deze planeet. Bewuste en ondersteunende mannen zijn van harte welkom!

Mijn oprechte dank voor het lezen en ik hoop snel met je in contact te komen!

Ik verbind me!

Belangrijke Overwegingen

Gelieve een recensie achter te laten op Amazon of waar u dit boek hebt gekocht. Deze eenvoudige handeling helpt niet alleen de onafhankelijke auteur, maar ook andere lezers om dezelfde kennis op te doen als u. Hoe meer mensen op de hoogte zijn, des te meer kritieke massa er ontstaat voor een mogelijke verandering.

Mijn Visie

Het werk 'Bewuste Vrouwen Verbinden Zich Met Elkaar' brengt een aspect met zich mee dat over de hele wereld weinig wordt besproken en aangepakt, namelijk het belang van het vergroten van het bewustzijn bij alle mensen dat ze, om nieuwe levens te genereren, kinderen, zichzelf zo goed mogelijk moeten voorbereiden. dat zowel man als vrouw ouders moeten zijn die kinderen met grote zorg kunnen opvoeden en opvoeden, zodat ze een gelukkig mens worden, maar zeer verantwoordelijk voor het samenleven tussen de 8 miljard inwoners van onze planeet en het behoud ervan voor toekomstige generaties.

Het is belangrijk om een basiskennis te hebben over het menselijke psychische en de fasen waaruit dit bestaat, vanaf de geboorte en gedurende de gehele ontwikkelingsfase.

De suggestie dat scholen het onderwijs veranderen, zodat leerlingen leren wat noodzakelijk en noodzakelijk is voor hun echte leven en niet alleen ingewikkelde zaken die ze misschien nooit nodig hebben of gebruiken.

Het werk brengt waardevolle suggesties met zich mee over hoe we meer verbonden kunnen leven, zowel mannen als vrouwen, maar vooral vrouwen, om het patriarchaat dat nog steeds in zwang is, te verlichten en zelfs te veranderen.

Maar wat mij opviel was dat de auteur zei dat elk nieuw wezen de wereld moet komen verbeteren en niet slechter moet maken.

Roque Aloisio Weschenfelder
Gepensioneerd hoogleraar en schrijver.

Mijn Lezing

In mijn lezing van het werk "Bewuste Verbinden Zich Met Elkaar" van Renata Ramos is de oproep tot samenwerking tussen vrouwen, met als doel een beter leven in gemeenschap door bewustere keuzes en solidaire acties, waarin onderwerpen zoals milieubehoud en de ontmanteling van het patriarchaat aan bod komen, van grote waarde.

Het volgen van de inzichten van de auteur door de hoofdstukken heen, waarin zij haar studies in de psychoanalyse en hun verbanden met thema's uit het privé en maatschappelijke leven deelt, vanuit een systemische visie en met prikkelende oproepen tot verantwoordelijkheid voor onze daden, bracht mij tot reflectie over mijn eigen keuzes en invloeden.

Het is belangrijk om elk ongemak en elke bevestiging die we tijdens het lezen van dit werk ervaren te zien als een kans om onszelf beter te leren kennen. Zo kunnen we bewustere keuzes maken over wie we willen zijn en welke bijdragen we aan onze omgeving willen nalaten.

Luciana Leite
Psycholoog

Over de Auteur

Renata Ramos is een Braziliaanse, geboren op 19-08-1976 in de stad São Paulo. Zij woont in Nederland met haar dochter. Als kind zei ze dat ze schrijfster wilde worden en daarom volgt ze dit pad in de schrijfwereld. **"Bewuste Vrouwen Verbinden Zich Met Elkaar"** is haar vierde werk en gaat over het redden van waarden die volgens haar visie verloren gaan, naast het opsommen van fouten en grillig gedrag die de wereld tot een zieke plek maken, het geven van tips over hoe je een ten goede veranderen. Haar laatste werken waren, in toenemende mate: **"Hou van Jezelf"**, het eerste werk waarin zij de wereld van de drugs portretteert en hoe je eruit kunt komen, daarna haar werk **"Ik ben Braziliaans Respecteer Mij"**, dat het Braziliaanse gedrag bekritiseert en hoe te verbeteren door te kijken naar de Nederlandse cultuur en zijn voorlaatste werk; **'Ik ben Nederlander, Ik respecteer mezelf'**, dat ook het Nederlandse gedrag bekritiseert en de lezer naar buitenlanders als mensen laat kijken. Haar boeken zijn biografisch en didactisch, het doel is om de lezer zichzelf in vraag te laten stellen en na te laten denken over nieuwe manieren van interactie en verbetering door middel van haar visie en ervaring.